Nina Ollinger

Haftungsfalle Pferd

Haftungsfalle Pferd

Zentrale Rechtsfragen rund ums Pferd praktisch dargestellt

von

Nina Ollinger

RECHT

Wien · Graz 2015

Bibliografische Information Der Deutschen Nationalbibliothek

Die Deutsche Nationalbibliothek verzeichnet diese Publikation in der Deutschen Nationalbibliografie; detaillierte bibliografische Daten sind im Internet über http://dnb.d-nb.de abrufbar.

Alle Rechte vorbehalten.

Haftungsausschluss
Dieses Buch stellt lediglich einen Überblick über das Thema dar. Es erhebt keinen Anspruch auf Vollständigkeit, gibt auch die Meinung der Autorin wieder und kann keinesfalls die Beratung im Einzelfall ersetzen. Der Inhalt wurde unter größtmöglicher Sorgfalt erstellt, ist jedoch ohne Gewähr. Eine Haftung aus dem vorliegenden Buch ist ausgeschlossen.

ISBN 978-3-7083-1039-8
NWV Verlag GmbH
Faradaygasse 6, 1030 Wien, Österreich
Tel: +43 1 796 35 62-24, Fax: +43 1 796 35 62-25
E-Mail: office@nwv.at

Geidorfgürtel 24, 8010 Graz, Österreich
E-Mail: office@nwv.at

Internet: www.nwv.at

© NWV Neuer Wissenschaftlicher Verlag, Wien · Graz 2015

Druck: Alwa & Deil, Wien
E-Mail: office@alwa-deil.at

Geleitworte

Sorgfalt, Umsicht, Vertrauen – und rechtliche Grundkenntnisse zur Haftungsvermeidung

Der Reitsport, gleich welcher Sparte, erfordert viel Verantwortung, Pflichtgefühl und Arbeit. Das Pferd ist für den Reiter Freund, Sportkamerad aber vor allem auch Lehrmeister. Wer aktiv zuhört und mit der nötigen Sorgfalt an die Arbeit mit seinem Pferd herangeht, wird sich auch gegenüber seinen Reiterkollegen und Mitmenschen entsprechend verhalten. Das ist die Grundvoraussetzung dafür, dass Haftungsfallen erst gar nicht entstehen können.

Dennoch ist es in der Welt, in der wir heute leben, von essentieller Bedeutung, sich mit Haftungsfragen auseinanderzusetzen. Der Reitsport ist und bleibt kein ungefährlicher Sport, auch Profis kann während jahrzehntelanger Praxis einmal ein Fehler unterlaufen, der zu einer Haftung führt. Aus diesem Grund ist es wichtig, sich mit diesem Thema auseinanderzusetzen und sich im Klaren darüber zu sein, wo man sich Haftungen aussetzt. Nur wer gewisse Grundsätze beim Umgang mit dem Pferd einhält, wird sich auch auf lange Sicht an der Arbeit mit dem Pferd und Reiterkollegen erfreuen – das beinhaltet auch rechtliche Grundkenntnisse. Sämtlichen Berufsgruppen rund um das Pferd sei empfohlen, sich mit Fragen der Haftung und vor allem damit, wie man sich am besten schützt oder absichert, auseinanderzusetzen.

Das vorliegende Buch arbeitet die wichtigsten Haftungsfragen für den Pferdeliebhaber, sei es für den Hobbyreiter, Anfänger oder den turniererprobten Profi, an Hand von alltagstauglichen Beispielen auf. Es bietet Grundlage dafür, einen Überblick über die Gefahren des Reitsports in der täglichen Arbeit zu erhalten. Dieses Wissen soll sich positiv auf die Arbeit mit dem Pferd auswirken anstelle Angst aufkeimen zu lassen. Wer sich informiert, wird nicht mit Furcht sondern mit Ehrfurcht seinen Beruf oder sein Hobby ausüben.

Ich wünsche allen Lesern eine spannende Lektüre und viel Erfolg beim Integrieren dieses Wissens in den Pferde-Alltag!

KR Ing. Gerold Dautzenberg
Präsident NOEPS
Vizepräsident OEPS
Bundesreferent Sparte Westernreiten

Michael Seletzky – Springreiter und gerichtlich beeideter Sachverständiger

Auf der ganzen Welt begleitet uns seit Jahrtausenden das Pferd – in den letzten Jahrzehnten besonders im Freizeit- und Leistungssport.

Seit über 40 Jahren bin ich in den verschiedensten Bereichen (Pferdebesitzer, Reitstallbesitzer, Trainer, Bereiter, Turnierveranstalter, -reiter) in dieser wunderbaren Pferdewelt verankert und unter anderem in den vergangenen 20 Jahren auch als Sachverständiger tätig.

Speziell in meiner Tätigkeit als Sachverständiger ist mir immer mehr bewusst geworden, dass die Beteiligten in dieser Pferdewelt (Pferdebesitzer, Reitstallbesitzer, Trainer, Bereiter, Pferdehändler, Tierarzt, Turnierveranstalter, -reiter) nicht ausreichend über die rechtlichen Risiken in diesem sensiblen Bereich informiert sind.

In den letzten Jahren haben sich die Strukturen des Marktes stark verändert. Neue (Problem-)Felder wurden eröffnet. Im Recht durch Veränderung der Gesetzeslage wie zB im Konsumenten- und Tierschutzgesetz, in der Ausrüstung zB durch die Veränderung von Helmen, Rückenschutz, Sicherheitsvorkehrungen und deren vorgegebenen Verwendungspflichten.

Hinzu kommt, dass in den letzten Jahren der Pferdesport exorbitant und die Pferde im speziellen sehr teuer geworden sind.

Dass in diesem Umfeld die Rechtsstreitigkeiten im hippologischen Bereich natürlich massiv gestiegen sind und die Bedeutung von rechtlichen Fragen rund um das Thema Pferd deutlich zugenommen haben, liegt auf der Hand.

Der Autorin, einer absoluten Expertin auf diesem Gebiet, ist es gelungen, mit ihrem Buch „Haftungsfalle Pferd" auf diese neuen Gegebenheiten einzugehen und eine leicht lesbare Lektüre für einen Rechtslaien sowie für einen Fachmann zu gestalten.

Michael Seletzky
Allgemein beeideter und gerichtlich zertifizierter Sachverständiger

Vorwort

Die Auseinandersetzung mit Haftungsfragen ist in jedem Berufsfeld von zunehmender Bedeutung. Dies betrifft auch und insbesondere den sportlichen Bereich bzw den Umgang mit Tieren, aus dem schon generell auf Grund der „Tiergefahr" diverse Haftungskonstellationen folgen können. Zudem ist zu beobachten, dass Rechtsschutzversicherungen vermehrt abgeschlossen werden und schon aus diesem Grund die Entscheidung, allfällige Haftungsansprüche vor Gericht zu erkämpfen, leichter und damit wohl sicher auch öfter gefällt wird. Als möglicherweise Haftender hat man sich daher oft lang andauernden Gerichtsverfahren auszusetzen. Wenngleich in den meisten Fällen ohnehin – hoffentlich – eine Haftpflichtversicherung abgeschlossen wurde, womit wenigstens das finanzielle Risiko abgedeckt ist, verbleibt dennoch die Notwendigkeit, sich mit dem Sachverhalt und einem allfälligen Gerichtsverfahren auseinanderzusetzen. Dies erfordert meist die Investition von Zeit und Nerven. Hinzu kommt, dass bei der Verwirklichung von Haftungsfällen vielfach Menschen verletzt werden, oft auch Kinder, und damit auch aus diesem Blickwinkel die Vermeidung von Haftungen oberstes Ziel sein sollte.

Es ist ebenfalls zu beobachten, dass vergleichsweise – Gott sei Dank – eher wenig im Zusammenhang mit dem Umgang mit dem Pferd bzw im Pferdesport passiert. Wenn es jedoch zu Unfällen kommt, ist die Frage, ob jemand dafür zu haften hat, üblicherweise relativ schnell gestellt.

Die Auseinandersetzung mit Haftungsfragen erscheint mir insbesondere im Zusammenhang mit dem Umgang mit dem Pferd als relevant, da aufgrund der Beteiligung eines Tieres Haftungsfolgen niemals ausgeschlossen werden können. Passiert ein Unfall, ist oftmals in einem langjährigen Gerichtsverfahren zu klären, ob sich nun die mit dem Lebewesen Pferd immanente Tiergefahr verwirklicht hat oder nicht doch ein „Fehler" der beteiligten Person vorlag, die einen Unfall hätte verhindern oder zumindest abmildern können.

Wer sich im Vorfeld informiert, hat bekanntlich immer einen Vorteil. Das gegenständliche Buch soll sämtliche Berufsgruppen und sonstige Personen, die Umgang mit Pferden pflegen, einen leichten Einstieg in die rechtliche Beurteilung von Haftungsfragen ermöglichen. Zudem soll es keinesfalls Angst schüren, jedoch im Pferdealltag sensibilisieren.

Für jegliche Anregungen zum vorliegenden Buch ist die Autorin unter office@ra-ollinger.at gerne erreichbar.

Gablitz, im August 2015　　　　　　　　　Dr. Nina Ollinger, LL. M.

Inhaltsverzeichnis

Geleitworte 5
Vorwort 7
Abkürzungsverzeichnis 13
Juristische Begriffe – kurz und bündig 15

1. **Einleitung** 17

2. **Aufbau des Buches** 19

3. **Grundlegendes zum Thema
   Haftung im Umgang mit dem Pferd** 21
   3.1. Was bedeutet „Haftung"? 21
   3.2. Voraussetzungen einer Haftung /
        Der Schadenersatzanspruch 22
        3.2.1. Allgemeines 22
        3.2.2. Schaden 24
        3.2.3. Kausalität 24
        3.2.4. Adäquanz 24
        3.2.5. Rechtswidrigkeit 25
        3.2.6. Rechtswidrigkeitszusammenhang 25
        3.2.7. Verschulden 26
        3.2.8. Geltendmachung eines Schadenersatzanspruches 26
   3.3. Wer könnte haften? 27
        3.3.1. Selbstständig tätiger Reitlehrer / Trainer / Bereiter 27
        3.3.2. „Gelegenheitsreitlehrer" 29
        3.3.3. Gefälligkeitsreitlehrer 29
        3.3.4. Reitschulbetrieb – und Reitlehrertätigkeit für diesen ... 30
        3.3.5. Reitstallbetreiber 33
        3.3.6. Pferdebesitzer / Vermieter eines Pferdes 33
        3.3.7. Mieter eines Pferdes / Mitreiter 35
        3.3.8. Züchter / Verkäufer 36
        3.3.9. Tierarzt 36
   3.4. Woraus kann sich eine Haftung ergeben? 36

3.4.1. Verletzung der Aufklärungspflicht 36
3.4.2. Der „Sorgfaltsmaßstab" –
Welcher Sorgfaltsmaßstab ist einzuhalten? 38
3.4.3. Gemeinsamer Ausritt 43
3.4.4. Gemeinschaftssport Reiten – typischerweise
verbundene Gefährdung als erlaubtes Risiko 44
3.4.5. Überreden / Animieren eines Schwächeren zum
Mitreiten 45
3.4.6. Keine Haftung / Die typische Tiergefahr 46
3.4.7. Tierhalterhaftung 48
3.4.8. Haftungen des Reitstallbetreibers 53
    3.4.8.1. für Pferd und Ausrüstung des Einstellers 53
    3.4.8.2. ... für Wege am Reitgelände 56

3.5. Welche Folgen kann ein Haftungsfall haben? 57

3.6. Wofür hat man einzustehen? 59

    3.6.1. Sachschaden – Was ist zu ersetzen? 60
    3.6.2. Personenschaden – Was ist zu ersetzen? 60

3.7. Möglichkeiten der Haftungsminimierung 62

4. Konkrete Haftungsfalle im täglichen Umgang mit dem Pferd 65

4.1. Unfall im Rahmen des Reitunterrichts 65

4.2. Unfall bei Ausritt mit dem eigenen / überlassenen Pferd 69

4.3. Unfall bei Beritt des Pferdes 72

4.4. Unfall im Reitstall 74

4.5. Unfall des Pferdes in der Box / auf der Koppel 75

4.6. Diebstahl in der Sattelkammer 77

4.7. Diebstahl einer Kutsche aus einem Gebäude des
Reitstallbetreibers 79

4.8. Unfall beim Transport des Pferdes 80

4.9. Unfall bei Überlassung eines Pferdes an Dritte 82

4.10. Pferd verletzt Person / fügt Sachschaden zu 83

5. Haftungsfragen beim Verkauf eines Pferdes 85

6. **Haftungspotenzial als Elternteil** 87

7. **Ausritt auf Privatgrund / in den Wald**..............91

8. **Pferdesport im Straßenverkehr** 93
   8.1. Reiten im Straßenverkehr 93
   8.2. Kinder im Straßenverkehr 94
   8.3. Fahren im Straßenverkehr 95

9. **Ausblick** 97

Literaturverzeichnis...................................*99*

Stichwortverzeichnis *101*

Die Autorin *103*

Abkürzungsverzeichnis

AaO	am angegebenen Ort
Abs	Absatz
ABGB	Allgemeines Bürgerliches Gesetzbuch
Art	Artikel
Bundesgesetzblatt	BGBl
dh	das heißt
EKGH	Eisenbahn- und Kraftfahrzeughaftpflichtgesetz
Evidenzblatt	EvBl
Forstgesetz	ForstG
GewO	Gewerbeordnung
idF	in der Fassung
idR	in der Regel
iVm	in Verbindung mit
lit	litera (Buchstabe)
JBl	Juristische Blätter
LG	Landesgericht
mwN	mit weiteren Nachweisen
oa	oben angeführt
OGH	Oberster Gerichtshof (Österreich)
OLG	Oberlandesgericht
ÖTO	Österreichische Turnierordnung
Rz	Randzahl
StVO	Straßenverkehrsordnung
ua	unter anderem
vgl	vergleich(e)
Z	Ziffer
zB	zum Beispiel

Juristische Begriffe – kurz und bündig

Beweislastumkehr:	Üblicherweise hat derjenige, der einen Umstand behauptet, diesen zu beweisen. Bei der Beweislastumkehr bestimmt das Gesetz, dass ein Beweis jedoch durch den anderen (den Gegner) zu erbringen ist.
Fahrlässigkeit:	Fahrlässig handelt, wer die gebotene Sorgfalt außer Acht lässt und wer aus Unwissenheit, Mangel der gehörigen Aufmerksamkeit oder des gehörigen Fleißes handelt (Kapitel 3.2.7).
Fahrlässigkeit, grobe:	Der Eintritt eines Schadens ist als wahrscheinlich vorhersehbar (Kapitel 3.2.7).
Fahrlässigkeit, leichte:	Es liegt ein Sorgfaltsverstoß vor, der auch einem sorgfältigen Menschen gelegentlich unterläuft (Kapitel 3.2.7).
Haftpflicht:	Der Schädiger ist verpflichtet zur Haftung, zum Schadenersatz (Kapitel 3.2.1).
Haftung:	Einstehen für eine Schuld; Übernahme eines Schadens durch einen anderen als den Geschädigten; Verpflichtung zum Schadenersatz (Kapitel 3.1).
Personenschaden:	Eine Person wird verletzt (Kapitel 3.6.2).
Schadenersatz:	Tritt ein Schaden nicht aus Zufall ein, kann unter bestimmten Voraussetzungen der Geschädigte Ersatz vom Schädiger für seinen Schaden verlangen (Kapitel 3.2).
Sachschaden:	Ein Schaden entsteht an einer Sache (Kapitel 3.6.1).
Tierhalterhaftung:	Wird jemand durch ein Tier geschädigt, so ist derjenige dafür verantwortlich, der es dazu angetrieben, gereizt oder vernachlässigt hat. Derjenige, der das Tier hält ist verantwortlich, wenn er nicht beweist, dass er für die erforderliche Verwahrung oder Beaufsichtigung gesorgt hatte (Kapitel 3.4.7).
Typische Tiergefahr:	Ein Tier kann durch seine eigenen willkürlichen, von Trieben und Instinkten geleiteten Bewegungen, die nicht durch Vernunft kontrolliert werden, Schaden stiften (Kapitel 3.4.6).

Verkehrssicherungspflicht:	Die Pflicht, Gefahrenquellen auf Wegen oder sonstigen Bereichen, die andere Personen betreten können, zu verhindern (Kapitel 3.4.8.2).
Vorsatz:	„Böse Absicht"; Ein Schaden wird wissentlich und gewollt verursacht (Kapitel 3.2.7).

1. Einleitung

Sobald ein Unfall oder sonstiger Zwischenfall passiert und Sach- oder gar Personenschaden entsteht, stellt sich umgehend die Frage, ob jemand daran „schuld" ist. Das ist generell der Fall, im Zusammenhang mit dem Lebewesen Pferd genauso wie in anderen Situationen. Verschärfend kommt hinzu, dass durch die Teilnahme eines Fluchttieres besondere Vorsichtsmaßnahmen getroffen werden müssen, insbesondere etwa beim Erteilen von Reitunterricht. Weiters kommt hinzu, dass oftmals Kinder oder andere schutzbedürftige Personen, zB beim heilpädagogischen Reiten, beteiligt sind und auch hier entsprechende Vorsicht geboten ist.

Als Haftungsadressat kommt jeder in Frage, nicht nur der Reitlehrer, die Reitschule oder der Reitstall. Auch der Eigentümer eines Pferdes, der sein Pferd verborgt, der Tierarzt, der ein Pferd untersucht oder behandelt, der Bauernhof, der ein Reitlager für Kinder organisiert, aber auch der Züchter, Tierarzt oder Händler, der ein Pferd verkauft.

Die zu beobachtende Entwicklung geht dahin, dass vermehrt Ansprüche gestellt werden, wenn ein Zwischenfall vorkommt. Oft werden teils jahrelange Gerichtsverfahren geführt, um abzuklären, ob nicht doch jemand einzustehen hat und letztlich Schmerzengeld und ähnliche Ansprüche zu bedienen sind.

Aus diesem Gesichtspunkt ist es essenziell, ein Gefühl dafür zu haben, in welchen Situationen Probleme entstehen können, was die Folgen sind, wofür einzustehen ist und wie dem entgegengewirkt werden kann.

Das vorliegende Buch soll Praktikern die Möglichkeit geben, zu erkennen, wo Probleme auftreten können. Viel mehr aber noch soll sensibilisiert werden, wie man sich und andere im täglichen Umgang mit dem Pferd schützen kann und soll, damit die Freude an diesem schönen Sport erhalten bleiben kann.

2. Aufbau des Buches

Das Buch ist im Wesentlichen in zwei große Teile aufgebaut.
In Kapitel 3 wird das Thema Haftung am Beispiel des Pferdes ganz generell aufgearbeitet. Zu klären ist vorab, was unter „Haftung" überhaupt zu verstehen ist (Kapitel 3.1) und was die Voraussetzungen eines Schadenersatzanspruchs – ganz allgemein – überhaupt sind (Kapitel 3.2). Dargelegt wird sodann, welche Personen überhaupt als Haftungsadressaten in Frage kommen (Kapitel 3.3).

Zu klären ist auch, wann im Speziellen im Zusammenhang mit Pferden eine Haftung entstehen kann, wie zB bei der Verletzung von Aufklärungspflichten, Verwendung falscher Ausrüstung oder ähnliches (Kapitel 3.4).

Ein eigenes Kapitel widmet sich den Folgen, wenn ein Zwischenfall eingetreten ist und eine Haftung im Raum steht (Kapitel 3.5); das Thema Haftungsprozess, Sachverständigengutachten im Rahmen eines Prozesses, Verfahrensdauer und spezifische Fragen im Zusammenhang mit dem Lebewesen Pferd, die sich im Gerichtsverfahren stellen, werden dargestellt.

Jedenfalls wichtig zu wissen ist, wofür überhaupt in letzter Konsequenz aufzukommen ist, wenn ein Haftungsfall eintritt (Kapitel 3.6); Schmerzengeld wird für die meisten Leser ein Begriff sein, der sofort in den Sinn kommt; anders wird es wohl aussehen bei lebenslangen Renten oder Fahrtkosten der Oma des verunglückten Kindes ins Krankenhaus.

Essenziell ist wohl Kapitel 3.7, in welchem die Möglichkeiten aufgezeigt werden, die man selbst hat, um seine Haftung nach Möglichkeit einzugrenzen. Haftpflichtversicherungen werden wohl in den meisten Fällen – hoffentlich – ohnehin abgeschlossen. Oftmals ist auch eine vertragliche Regelung möglich, um das Haftungsrisiko zumindest ein wenig einzudämmen. Weitere Möglichkeiten werden ebenfalls aufgezeigt.

Der zweite große Teil des Buches befasst sich sodann mit ganz konkreten Beispielen im täglichen Umgang mit dem Pferd (Kapitel 4). Anhand einzelner möglicher Haftungsfälle wie zB dem Unfall im Rahmen des Reitunterrichts, bei einem Ausritt, beim Beritt des Pferdes, beim Transport oder bei der Überlassung eines Pferdes an Dritte werden ebenso besprochen wie Haftungsfragen im Zusammenhang mit der Unterbringung eines Pferdes in einem Reitstall oder bei Verletzung von Personen durch ein Pferd, das etwa von einer Koppel ausbricht.

Kapitel 5 beleuchtet das Thema Verkauf und damit einhergehender Haftungsrisiken sämtlicher damit befasster Berufsgruppen und Personen, wie dem Pferdebesitzer selbst, dem Züchter bzw

Pferdehändler aber auch dem Tierarzt, in aller Kürze – dieses Thema ist aus juristischer Sicht sehr weitläufig und wäre bücherfüllend für sich.

Kapitel 6 widmet sich ganz dezidiert Eltern reitender Kinder und bietet einen Überblick, worauf als Elternteil geachtet werden sollte und wann auch Kinder haften können.

Kapitel 7 stellt Haftungsfragen beim Ausritt mit dem eigenen Pferd dar; Betreten von Wald oder Privatgrund kann ebenfalls zu Folgen führen, die bei entsprechender Vorkenntnis vermieden werden können. Dasselbe gilt für die Teilnahme als Reiter oder Fahrer im Straßenverkehr (Kapitel 8).

Das Buch schließt mit einem Ausblick für die Zukunft nach Auffassung der Autorin in Kapitel 9.

3. Grundlegendes zum Thema Haftung im Umgang mit dem Pferd

3.1. Was bedeutet „Haftung"?

Ganz allgemein bedeutet Haftung, das Einstehen für eine Schuld. Haftung ist somit die Übernahme eines Schadens durch einen anderen als den Geschädigten. Das ist sodann eine Verpflichtung zum Schadenersatz. Im Schadenersatzrecht bedeutet Haftung damit die Verantwortung für einen Schaden,[1] wobei unter Schaden folgendes zu verstehen ist:

> „Schade heißt jeder Nachteil, welcher jemandem an Vermögen, Rechten oder seiner Person zugefügt worden ist."[2]

Wer für etwas zu haften hat, muss daher einer anderen Person den ihr zugefügten Schaden ersetzen, sei es in Geld oder in anderer Form. Nicht notwendigerweise muss man dafür „Schuld haben", wenngleich dies meistens Voraussetzung für eine Schadenersatzpflicht ist. Insbesondere im Zusammenhang mit dem Umgang mit dem Pferd ist die Tierhalterhaftung von großer Bedeutung. Ein Verschulden bei der tatsächlichen Schadenszufügung ist dafür allerdings nicht Voraussetzung. Dennoch ist es auch hier erforderlich, dass die erforderliche Sorgfalt – meist auch jene im Vorfeld – nicht eingehalten wurde; damit ist Verschulden auch in diesem Zusammenhang Voraussetzung für eine Haftung.

Bei anderen Ansprüchen, insbesondere im Zusammenhang mit dem Verkauf eines Pferdes, muss zB der Verkäufer sehr wohl unabhängig von einem Verschulden für zB einen Mangel eines Pferdes einstehen – im Rahmen der Gewährleistung zB oder bei einer sogenannten Irrtumsanfechtung.[3]

Merke:

Haftung = Einstehen für eine Schuld bzw Verantwortung für einen Schaden

---

1 Koziol/Welser, Bürgerliches Recht II[13] S 10.
2 § 1293 ABGB.
3 Siehe zu Haftungsfragen beim Verkauf eines Pferdes Kapitel 5.

3.2. Voraussetzungen einer Haftung / Der Schadenersatzanspruch

3.2.1. Allgemeines

Wer durch Zufall einen Schaden erleidet, hat diesen auch selbst zu tragen.[4] Handelt es sich jedoch nicht um Zufall, sondern gibt es in irgendeiner Form einen Schädiger, so kann unter bestimmten Voraussetzungen der Geschädigte Ersatz vom Schädiger für seinen Schaden verlangen. Das ist das Schadenersatzrecht bzw das Haftpflichtrecht. Der Schädiger soll, wenn ihn eine Haftung trifft, dem Geschädigten einen Ausgleich für den erlittenen Schaden gewähren.

Darin zeigt sich bereits im Zusammenhang mit Haftungsfällen, bei denen Tiere, Pferde, involviert sind, bereits ein Grundproblem des Haftpflichtrechts. Es ist nämlich zunächst abzugrenzen, ob ein Schaden durch „Zufall" eingetreten ist oder aber jemand nach schadenersatzrechtlichen Gesichtspunkten derart gehandelt hat, dass ihn eine Haftung trifft.

Grundsätzlich ist der Hauptanwendungsfall, der auch hier von Interesse ist, die sogenannte „Verschuldenshaftung":

„Jedermann ist berechtigt, von dem Beschädiger den Ersatz des Schadens, welchen dieser ihm aus Verschulden zugefügt hat, zu fordern [...]."[5]

Voraussetzung der Verschuldenshaftung ist, dass der Schädiger rechtswidrig und schuldhaft einem anderen einen Schaden zugefügt hat.

Neben der Verschuldenshaftung[6] gibt es noch eine weitere – für den Umgang mit dem Pferd direkt nicht relevante – Haftung. Es handelt sich dabei um die „Gefährdungshaftung". Damit soll folgende Situation abgedeckt werden: Wer sich einer gefährlichen Sache bedient, wird für den durch diese Gefährlichkeit verursachten Schaden ersatzpflichtig. Die „Benützung" der gefährlichen Sache an sich ist nicht rechtswidrig und damit grundsätzlich erlaubt;

---

4 § 1311 Abs 1 ABGB.
5 § 1295 Abs 1 ABGB.
6 Eine weitere Haftungsmöglichkeit ist die sogenannte „Eingriffshaftung". Bei dieser ist sogar die Zufügung eines Schadens erlaubt, der Schädiger wird aber ersatzpflichtig. Das kann zB bei einer gewerberechtlichen Genehmigung der Fall sein; die Schadenszufügung kann hier nicht untersagt werden, es kann aber – verschuldensunabhängig – vom Schädiger Schadenersatz gefordert werden.

3.2. Voraussetzungen einer Haftung / Der Schadenersatzanspruch

entsteht aber ein Schaden, so muss der Geschädigte vom Benützer dieser gefährlichen Sache entschädigt werden. Das wichtigste Beispiel ist der Betrieb eines Kraftfahrzeuges.

Wenngleich an sich die Gefährdungshaftung im Zusammenhang mit dem Pferd nicht direkt relevant ist, so ist doch folgende Auffassung des OGH bemerkenswert:

„Bei einem Rennpferd ist grundsätzlich zu unterstellen, dass es sich um ein sensibles Tier handelt, das auch unberechenbare und vom Menschen nicht beherrschbare Reaktionen setzen kann. Wird ein Rennpferd, das aufgrund seiner potentiellen Gefährlichkeit mit einem Haustier oder Nutztier nicht vergleichbar ist, auch noch zu Höchstleistungen angetrieben, führt dies zu einer nicht unbeträchtlichen Gefahrenlage, die vom Pferdehalter bewusst in Kauf genommen wird. Die Abhaltung eines Pferderennens führt in jenen Grenzbereich, der die Einhaltung der objektiv gebotenen Sorgfalt bereits in Frage stellt. Ein Rennpferd, insbesondere im Renneinsatz, ist – ungeachtet des § 285a ABGB[7] – aufgrund seiner potentiellen Gefährlichkeit durchaus mit ‚gefährlichen Sachen', für die besondere gesetzliche Bestimmungen eine Gefährdungshaftung vorsehen (insbesondere das EKHG[8]) vergleichbar."[9]

Das Schadenersatzrecht erfordert bestimmte Voraussetzungen, damit eine Haftung überhaupt auf einen Dritten übergehen kann, diese sind die folgenden:

- Schaden
- Kausalität
- Adäquanz
- Rechtswidrigkeit
- Rechtswidrigkeitszusammenhang
- Verschulden

Bei der Verschuldenshaftung, die für die in diesem Buch dargestellten Haftungsfälle relevant ist, müssen alle genannten Voraussetzungen gegeben sein, andernfalls eine Haftung aus juristischen Gründen bereits ausscheidet.

---

7 In § 285a ABGB ist geregelt, dass Tiere keine Sachen sind. Es wäre daher grundsätzlich eine Gefährdungshaftung eigentlich nicht denkbar.
8 Eisenbahn- und Kraftfahrzeughaftpflichtgesetz; es handelt sich dabei um jenes Gesetz, worin die Gefährdungshaftung beim Betrieb eines Kraftfahrzeuges geregelt ist.
9 OGH 7.11.2002, 6 Ob 55/02k.

3.2.2. Schaden

Ein Schaden ist jeder Nachteil, welcher jemandem an Vermögen, Rechten oder seiner Person zugefügt worden ist.[10] Damit ergibt sich bereits der Unterschied zwischen Sachschäden, Vermögensschäden und Personenschäden.[11]

3.2.3. Kausalität

Unter Kausalität wird verstanden, dass das Verhalten des Ersatzpflichtigen kausal für den Schaden sein muss, das heißt, dass sein Verhalten letztlich zum Schaden geführt hat. Kann bewiesen werden, dass auch ohne dem Verhalten des vermeintlich Ersatzpflichtigen der Schaden eingetreten wäre, besteht auch keine Haftung. Mit Hilfe der Kausalität wird somit geklärt, ob ein Verhalten „notwendige Bedingung" für den eingetretenen Schaden ist.

Zur Frage, ob die Kausalität im konkreten Fall gegeben ist, gibt es einige Regelungen und auch Ausnahmen, wobei die hier relevanteste Ausnahme die Haftung mehrerer Schädiger ist. Diese haften nämlich solidarisch, dh jeder für sich für den gesamten eingetretenen Schaden, wenn sich etwa der jeweilige Anteil der Beteiligten am Ausmaß des Schadens nicht bestimmen lässt. In diesem Fall reicht ein bloßer Kausalitätsverdacht, es muss daher nicht nachgewiesen werden, welches Verhalten wozu geführt hat.[12]

3.2.4. Adäquanz

Die soeben dargestellte Kausalität würde bedeuten, dass grundsätzlich sämtliche Ereignisse, die beim Geschädigten eintreten und sich letztlich auf den Unfall zurückführen lassen, von der Haftung des Schädigers umfasst wären. Gewollt ist jedoch, dass ein Schädiger nur für das haftet, womit normalerweise gerechnet werden muss. Das wird juristisch als Adäquanz bezeichnet.

Ein Beispiel: Der Reitschüler verletzt sich beim Sturz vom Pferd. Bei der Behandlung im Krankenhaus unterläuft dem Arzt ein Kunstfehler und der Reitschüler kann ausschließlich wegen dieses Kunstfehlers seinen Arm nicht mehr wie früher heben. Für diesen Kunstfehler kann letztlich ein allenfalls haftender Reitlehrer nicht herangezogen werden.

---

10 § 1293 Abs 1 ABGB.
11 Siehe dazu auch konkret und im Detail Kapitel 3.6.; in diesem Kapitel ist aufbereitet, wofür allenfalls einzustehen ist.
12 § 1310 Abs 2 ABGB.

3.2.5. Rechtswidrigkeit

Das Verhalten des Haftenden muss rechtswidrig sein. Das ist es dann, wenn gegen Gesetze verstoßen wird, vertragliche Pflichten verletzt oder aber vorvertragliche Pflichten, etwa Aufklärungspflichten, nicht erfüllt werden. Damit kann sich die Rechtswidrigkeit aus verschiedenen Situationen ergeben.

Als Beispiel, dies aus Sicht des Reitlehrers, stellt sich die erforderliche Rechtswidrigkeit wie folgt dar: Wird der zukünftige Reitschüler vor der Vereinbarung des Reitunterrichtes zB nicht darüber aufgeklärt, wie er sich seinem Pferd am besten nähert, kann sich eine Haftung – bzw eine Rechtswidrigkeit – aus der Verletzung vorvertraglicher Aufklärungspflichten ergeben. Ist der Vertrag bereits abgeschlossen und vereinbart, dass der Reitschüler Reitunterricht nimmt, kann sich eine Rechtswidrigkeit aus einer Verletzung von Schutz- und Sorgfaltspflichten ergeben, wenn etwa nicht darauf geachtet wird, dass das Pferd mit passender und intakter Ausrüstung versehen ist und sich zum Beispiel auf Grund dessen ein Unfall ereignet. Wenn der Reitlehrer mit seinem Pferd sodann einen Ausritt im Wald unternimmt, kann er dabei allenfalls gegen das Forstgesetz verstoßen[13] und, sollte er zB einen Spaziergänger verletzen oder Sachschaden im Wald anrichten, aufgrund des Verstoßes gegen das Forstgesetz allenfalls zur Haftung herangezogen werden.

3.2.6. Rechtswidrigkeitszusammenhang

Letztlich ist auch ausschlaggebend, dass der Zweck des Gesetzes, gegen welches verstoßen wurde, oder die verletzte Vertragsbestimmung gerade den eingetretenen Schaden verhindern hätte sollen.

Ein Beispiel dazu: Reiten im Straßenverkehr ist erst ab dem 16. Lebensjahr gestattet.[14] Verhält sich der Reiter, der jünger ist, im Straßenverkehr jedoch korrekt und kommt es trotzdem zu einem Unfall, so haftet er nicht. Der Verstoß gegen diese Altersvorschrift führt nicht automatisch zu einer Haftung in jedem erdenklichen Fall.

Ein weiterer Grundsatz in diesem Zusammenhang besteht darin, dass nur der unmittelbar Geschädigte ersatzberechtigt ist (im Regelfall).

---

13 Siehe dazu näher in Kapitel 7.
14 Siehe dazu Kapitel 8.

Wäre der Schaden auch bei rechtmäßigem Verhalten eingetreten, ist eine Haftung jedenfalls ausgeschlossen.[15] Dies ist zB dann gegeben, wenn ein Verkehrsunfall auch bei Einhaltung der vorgeschriebenen Höchstgeschwindigkeit eingetreten wäre, zB weil ein Fußgänger unvermittelt vor einem KfZ auf die Straße tritt.

3.2.7. Verschulden

Verschulden bedeutet, dass dem Schädiger das rechtswidrige Verhalten auch vorwerfbar sein muss. Unterschieden wird dabei vor allem zwischen Vorsatz und Fahrlässigkeit. Unter Vorsatz wird „böse Absicht" verstanden; ein Schaden wird wissentlich und gewollt verursacht.

Dem gegenüber ist die Fahrlässigkeit die weit wichtigere Verschuldensart. Fahrlässig handelt, wer die gebotene Sorgfalt außer Acht lässt und wer aus Unwissenheit, Mangel der gehörigen Aufmerksamkeit oder des gehörigen Fleißes handelt.

Bei der Fahrlässigkeit wird noch unterschieden zwischen grober Fahrlässigkeit, wobei der Eintritt eines Schadens als wahrscheinlich vorhersehbar ist, und leichter Fahrlässigkeit. Bei letzterer liegt ein Sorgfaltsverstoß vor, der auch einem sorgfältigen Menschen gelegentlich unterläuft.

3.2.8. Geltendmachung eines Schadenersatzanspruches

Aus den Ausführungen zeigt sich, dass im Rahmen der Frage, ob eine Haftung vorliegt, viele Punkte im Einzelfall zu prüfen sind und auch nur im Einzelfall beurteilbar sind. Dazu kommt, dass die Voraussetzungen einer Haftung auch entsprechend nachgewiesen werden müssen. Das bedeutet, dass nach einem Unfall, mag es auch noch so offensichtlich erscheinen, dass jemand dafür zu haften hat, erst in einem langen Prozess geklärt werden kann, ob die juristisch geforderten Voraussetzungen für eine Haftung auch tatsächlich gegeben sind.

Schadenersatzansprüche müssen innerhalb der Verjährungsfrist geltend gemacht werden. Das Gesetz sieht eine Verjährungsfrist von drei Jahren bei einer allgemeinen Verjährungsfrist von 30 Jahren vor.[16] Gefordert wird, dass innerhalb von drei Jahren ab Kenntnis des Geschädigten vom Schaden und von der Person des

---

15 „Rechtmäßiges Alternativverhalten".
16 § 1489 ABGB.

Schädigers die Ersatzansprüche geltend gemacht werden. Die absolute Verjährungsfrist von 30 Jahren ist dann relevant, wenn der Geschädigte von Schaden und/oder Person des Schädigers keine Kenntnis erlangt. Erlangt er erst nach mehr als 30 Jahren Kenntnis von diesen Umständen, greift die absolute Verjährungsfrist und Schadenersatzansprüche können dann auch nicht mehr geltend gemacht werden.

Merke:

Dass eine Haftung tatsächlich entsteht, erfordert das Vorliegen bestimmter Voraussetzungen, wobei diese meist folgende sind:
- Vorliegen eines Schadens
- Kausalität (Verursachung des Schadens durch den Schädiger)
- Adäquanz (erwartbarer Schaden durch eine Handlung)
- Rechtswidrigkeit (Gesetzesverletzung, Vertragsverletzung)
- Rechtswidrigkeitszusammenhang (die verletzte Norm / Vertragsbestimmung bezweckt die Verhinderung des konkret eingetretenen Schadens)
- Verschulden (subjektive Vorwerfbarkeit des Verhaltens)
- Geltendmachung innerhalb der Verjährungsfrist (allgemein: drei Jahre ab Kenntnis des Schadens und des Schädigers)

3.3. Wer könnte haften?

Jeder, der Reitunterricht erteilt, einen Reitstall besitzt, ein Pferd reitet, ein Pferd besitzt, ein Pferd vermietet, ein Pferd trainiert oder aber ein Pferd einfach nur am Zügel hält, kann in einen Haftungsfall verwickelt werden. Dem sollte man sich generell im Umgang mit einem Pferd bewusst sein und – ohne unnötig übervorsichtig zu werden – sich bei seinen Entscheidungen auch davon leiten lassen.

Merke:

Als Haftungsadressat kann jeder in Frage kommen!

3.3.1. Selbstständig tätiger Reitlehrer / Trainer / Bereiter

Unabhängig davon, ob jemand als Reitlehrer, Trainer oder Bereiter oder mit sonstiger Bezeichnung tätig wird, gleichfalls unabhängig davon, welche Ausbildung – jene nach dem Ausbildungsregulativ des Bundesfachverbandes oder die staatliche Ausbildung – absolviert wurde, unabhängig auch davon, auf welcher Stufe der Ausbildung sich eine lehrende Person befindet: Sobald Unterricht erteilt wird, ist man in dieser Funktion Adressat für allfällige Haftungen.

Wichtig zu wissen ist zudem, dass unabhängig von der Art der Ausbildung eine Haftung gegeben bzw auch ohne Ausbildung kein Haftungsfall erfüllt sein kann. Als Reitlehrer wird man in der Form des freien Gewerbes tätig und muss allein dafür keinen Ausbildungsnachweis erbringen. Wenngleich aufgrund des Erfordernisses von Haftpflichtversicherungen im Regelfall eine Ausbildung absolviert wird, so kommt es weder gewerberechtlich[17] noch auch – unabhängig davon – haftungsrechtlich darauf an, ob eine Ausbildung absolviert wurde oder nicht. Einzig und allein abgestellt wird aus haftungsrechtlicher Sicht auf den erforderlichen Sorgfaltsmaßstab. Hat diesen der Reitlehrer, Trainer, Bereiter oder ein sonstiger Lehrender eingehalten, so haftet dieser nicht.

Somit kann auch ein Reitlehrer, der keine Ausbildung absolviert hat, bei Einhaltung der erforderlichen Sorgfalt nicht zur Haftung herangezogen werden, während derjenige, der sämtliche Ausbildungen absolviert hat, im konkreten Einzelfall jedoch, wenn auch nur aus Nachlässigkeit oder Unachtsamkeit in einem kurzen Moment, die erforderliche Sorgfalt nicht eingehalten hat, zur Haftung herangezogen werden.

Womit sich schließlich an dieser Stelle berechtigterweise die Frage stellt, welcher Sorgfaltsmaßstab denn nun einzuhalten ist; näheres dazu in Kapitel 3.4.2.

Merke:

Eine Haftung ist unabhängig davon, ob eine Ausbildung besteht oder nicht! Wer keine Ausbildung hat und sorgfaltsgemäß handelt, haftet nicht; wer sorgfaltswidrig handelt und über die beste Ausbildung verfügt haftet!

Empfehlung zum Weiterlesen:

Kapitel 3.4.1: Verletzung der Aufklärungspflicht
Kapitel 3.4.2: Zum Sorgfaltsmaßstab
Kapitel 4.1: Unfall im Rahmen des Reitunterrichts
Kapitel 4.2: Unfall beim Ausritt
Kapitel 4.3: Unfall bei Beritt des Pferdes

---

17 Der Pferde- und Reittrainer wird unter das freie Gewerbe eingeordnet. Freies Gewerbe bedeutet, dass lediglich eine Anmeldung des Gewerbes (§ 339 GewO) erforderlich ist, nicht aber ein Befähigungsnachweis (§ 5 Abs 2 GewO) und damit auch keine Ausbildung. Die Ausübung des Gewerbes ist bereits ab der Anmeldung möglich (§§ 94 und 95 GewO; sogenanntes „Anmeldegewerbe").

3.3.2. „Gelegenheitsreitlehrer"

Wie in Kapitel 3.3.1 dargestellt, ist es für die Frage der Haftung nicht relevant, ob ein Reitlehrer eine Ausbildung absolviert hat oder nicht. Wird daher gelegentlich Reitunterricht erteilt und liegt allenfalls keine Ausbildung vor, so richtet sich die Haftungsfrage dennoch nach den allgemeinen bzw beim Reitlehrer vor allem dem erhöhten Sorgfaltsmaßstab.

Ein Gelegenheitsreitlehrer ohne Ausbildung, der die im konkreten Einzelfall erforderliche Sorgfalt einhält, kann dann auch nicht zur Haftung herangezogen werden.

Merke:

Wer keine Ausbildung hat und die Sorgfalt einhält und gelegentlich Reitunterricht gibt, haftet nicht. Es kommt nur darauf an, ob die erforderliche Sorgfalt im Einzelfall eingehalten wurde!

Empfehlung zum Weiterlesen:

Kapitel 3.4.1: Verletzung der Aufklärungspflicht
Kapitel 3.4.2: Zum Sorgfaltsmaßstab
Kapitel 4.1: Unfall im Rahmen des Reitunterrichts
Kapitel 4.2: Unfall beim Ausritt
Kapitel 4.3: Unfall bei Beritt des Pferdes

3.3.3. Gefälligkeitsreitlehrer

Für die Frage der Haftung nicht sonderlich relevant ist es, ob ein Reitlehrer nur aus Gefälligkeit tätig wird. Auch bei einer Reitlehrertätigkeit aus Gefälligkeit muss sich dieser wie ein gewissenhafter Reitlehrer bzw ein durchschnittlich pflichtbewusster Reiter verhalten. Es ist jedoch nicht derselbe strenge Maßstab anzulegen wie an einen professionellen, erwerbsmäßig tätigen Reitlehrer.[18] Die Rechtsprechung verlangt etwa vom Gefälligkeitsbergführer jene Sorgfalt, wie sie einem ihm vergleichbaren Alpinisten bei der Führung und Begleitung von Tourengruppen objektiv zuzumuten ist.[19]

---

18 Vlg *Reischauer* in *Rummel*, ABGB³; § 1299, Rz 2 zum Bergführer aus Gefälligkeit, wobei diese Grundsätze wohl auf den Reitlehrer aus Gefälligkeit übernommen werden können.
19 Vgl JBl 2000, 305; in diesem Fall hätte der erfahrene Alpinist laut OGH „angesichts der von ihm zu erwartenden und auch vom Kläger erwarteten Sachkenntnis ein abschüssiges Schneefeld als gefährlich einstufen und deshalb für die gefahrlose Querung des Schneefelds

Zudem haftet der Gefälligkeitsreitlehrer bereits bei leichter Fahrlässigkeit, da eine Gefährdung der körperlichen Gesundheit vorliegt. Für die Haftung irrelevant ist, dass ein Reitlehrer nur aus bloßer Gefälligkeit oder eben unentgeltlich tätig wird. Er übernimmt mit der freiwilligen Übernahme des Reitunterrichts auch die entsprechenden Sorgfaltspflichten, welche Kontrolle und ein gefahrloses Reiten umfassen.[20]

Merke:

Die Haftung orientiert sich an den Grundsätzen des Reitlehrers; hinsichtlich der erforderlichen Sorgfalt ist aber ein weniger strenger Maßstab anzulegen als an einen professionellen, erwerbsmäßig tätigen Reitlehrer. Die Haftung ist von einer Ausbildung unabhängig; es kommt lediglich darauf an, ob die erforderliche Sorgfalt eingehalten wurde.

Empfehlung zum Weiterlesen:

Kapitel 3.4.1: Verletzung der Aufklärungspflicht
Kapitel 3.4.2: Zum Sorgfaltsmaßstab
Kapitel 4.1: Unfall im Rahmen des Reitunterrichts
Kapitel 4.2: Unfall beim Ausritt
Kapitel 4.3: Unfall bei Beritt des Pferdes

3.3.4. Reitschulbetrieb – und Reitlehrertätigkeit für diesen

Juristisch handelt es sich bei der Überlassung eines Pferdes zu Reitzwecken an einen Dritten um einen Mietvertrag.[21] Werden dann auch noch Reitstunden erteilt, so trifft die Reitschule als Vermieter die vertragliche Nebenpflicht, für die Sicherheit des Reitschülers in zumutbarer Weise vorzusorgen; das beinhaltet die Pflicht, den Mieter (Schüler) auf besondere Eigenschaften des

---

durch den ihm vertrauenden und letztlich auch insoweit anvertrauten Kläger die erforderlichen Sicherheitsvorkehrungen treffen müssen". Der Gefälligkeitsbergführer wurde letztlich zur Haftung des beim Abrutsch des abschüssigen Schneefeldes verletzten Klägers herangezogen, da er dem Kläger vormachte, der Abstieg sei nahezu ungefährlich und ihn durch seine Aussagen zum Abstieg überredete.

20 *Rohrer/Denk*, Haftung aus freiwilliger Pflichtübernahme, OGH 13.9.2012, 6 Ob 91/12v in EvBl 2013/23.
21 OGH 14.7.2012, 7 Ob 94/12 t.

3.3. Wer könnte haften?

Pferdes wie starkes Temperament, häufiges Ausschlagen und dergleichen aufmerksam zu machen.[22]

Als Reitschule kann man sich relativ rasch als Gegner von Forderungen sehen, sofern ein Unfall geschieht, denn erste „Ansprechperson" in Haftungsfragen ist der Reitbetrieb als solcher. Mit diesem haben der Reitschüler bzw dessen Eltern einen Vertrag über die Reitstunde abgeschlossen. Aufgrund dieser vertraglichen Beziehung ergeben sich für die Reitschule folgende Nachteile aus juristischer Sicht:

- Die Reitschule haftet für das von ihr eingesetzte Personal gegenüber dem Reitschüler, und zwar so, als hätte sie selbst die schadenzufügende Handlung gesetzt.[23]
- Es tritt eine Beweislastumkehr zu Gunsten des Reitschülers ein. Das bedeutet, dass der Reitschulbetrieb beweisen muss, dass ihn kein Verschulden am Unfall trifft. Dadurch ist der Reitschulbetrieb juristisch gesehen in einer schwierigeren Position als der Reitschüler, denn: Was nicht bewiesen werden kann, geht zu Lasten desjenigen, der den Beweis nicht erbringen kann.
- Der Reitschulbetrieb haftet bereits ab leichter Fahrlässigkeit.[24]

Demgegenüber schließt der Reitlehrer mit dem Reitschüler in dieser Konstellation üblicherweise juristisch gesehen keinen Vertrag ab – dieser wird eben mit der Reitschule geschlossen, für die der Reitlehrer tätig wird. Ein direkter oder gar zusätzlicher Vertrag zwischen Reitschüler und Reitlehrer wird nicht abgeschlossen. Die oben genannten Erleichterungen gegenüber der Reitschule treten für den Reitschüler in diesem Fall dann aber nicht gegenüber dem Reitlehrer ein; der Reitlehrer selbst haftet dem Reitschüler nur bei grobem Verschulden;[25] auch eine Beweislastumkehr zugunsten des Reitschülers tritt nicht ein.

Aus Sicht des Reitschulbetriebes hat dieser natürlich die Möglichkeit, sich beim Reitlehrer zu regressieren, wobei die Art und Weise der Regressmöglichkeit auch davon abhängig ist, wie der Reitlehrer für den Reitschulbetrieb tätig wird, insbesondere, ob er bei diesem angestellt ist.

Des Weiteren treffen einen Reitschulbetrieb Aufklärungspflichten sowie auch der erhöhte Maßstab.

---

22 AaO.
23 *Harrer* in *Schwimann/Kodek*, ABGB-Praxiskommentar[3], § 1300, Rz 2.
24 Unter leichter Fahrlässigkeit ist „ein minderer Grad des Versehens" zu verstehen (vgl *Harrer* in *Schwimann/Kodek*, ABGB-Praxiskommentar[3], § 1324, Rz 3).
25 Unter grobem Verschulden ist „auffallende Sorgfaltslosigkeit" zu verstehen (*Harrer* in *Schwimann/Kodek*, ABGB-Praxiskommentar[3], § 1324, Rz 3).

3. Grundlegendes zum Thema Haftung im Umgang mit dem Pferd

Der Reitschulbetrieb hat daher wohl insbesondere auch auf Folgendes zu achten:

- Ausbildungsstand des Reitschülers und entsprechender Einsatz bzw Einordnung als Reitschüler an der Longe, in der Bahn oder bereits fähig zum Ausritt
- adäquates Schulpferd für den Reitschüler
- passende Ausrüstung für Pferd und Reiter
- Berücksichtigung von Witterungsverhältnissen, Müdigkeit des Reiters, Unaufmerksamkeit des Pferdes, und ähnliches

Merke:

Ob der Reitschulbetrieb oder Reitlehrer Haftungsadressat ist, hängt davon ab, was vereinbart ist. Der Jurist unterscheidet, mit wem ein Vertrag geschlossen wurde.
a. Vereinbarung mit dem Reitlehrer:
   Es besteht ein Vertrag zwischen Reitschüler und Reitlehrer. Der Reitlehrer haftet.
b. Vereinbarung mit dem Reitschulbetrieb:
   Es besteht ein Vertrag zwischen Reitschüler und Reitschulbetrieb. Die Reitschule haftet. Darüber hinaus haftet auch der Reitlehrer gegenüber dem Reitschüler (aber nur bei grobem Verschulden); der Reitschulbetrieb kann sich allenfalls am Reitlehrer regressieren.

Vorsicht:
Besteht ein Vertrag, kommt es zu einer Beweislastumkehr. Der Reitschulbetrieb / Reitlehrer muss beweisen, dass ihn kein Verschulden trifft!

Tipp:

Als Reitschulbetrieb ist auf besondere Eigenschaften des Pferdes wie starkes Temperament, häufiges Ausschlagen und dergleichen hinzuweisen! Ein Schulpferd muss als solches geeignet sein und die Auswahl des Schulpferdes muss auf das Können des Schülers abgestimmt sein. Andernfalls kann bei Sturz eines Schülers bereits eine Haftung drohen.

Empfehlung zum Weiterlesen:

Kapitel 3.4.1: Verletzung der Aufklärungspflicht
Kapitel 3.4.2: Sorgfaltsmaßstab
Kapitel 4.1: Unfall im Rahmen des Reitunterrichts
Kapitel 4.2: Unfall beim Ausritt

3.3.5. Reitstallbetreiber

Ein Reitstallbetrieb sieht sich neben regulären Schadenersatzansprüchen auch noch besonderen Pflichten und daraus entspringender Ansprüche ausgesetzt. Er schließt einen Vertrag mit seinen Einstellern, aus dem sich ua folgendes Haftungspotenzial ableiten lässt:
- Haftung aufgrund Übernahme der Obsorge für das Pferd (angepasste Fütterung, richtiger Weidegang)
- allfällige Haftung für die Ausrüstung des Einstellers
- Haftung für die Beschaffenheit der Reitstallanlage / Wegehalterhaftung, Gebäudehaftung
- sonstige Verkehrssicherungspflichten

Als Reitstallbetrieb ist das Haftungspotenzial entsprechend vielschichtig und auch auf mehreren Ebenen vorhanden – im täglichen Reitstallbetrieb sowie im Verhältnis zum Einsteller, allenfalls auch noch zusätzlich als Betreiber einer Reitschule.

Tipp:

Da ein Reitstallbetreiber aus vielerlei Gründen zur Haftung herangezogen werden kann, empfiehlt sich der schriftliche Abschluss eines Einstellvertrages. In diesem können Aufklärungspflichten erfolgen und Vereinbarungen zur Haftung getroffen werden, insbesondere Haftungsausschlüsse!

Empfehlung zum Weiterlesen:

Kapitel 3.4.8: Haftung für Pferd und Ausrüstung / Haftung für Wege
Kapitel 4.5: Unfall des Pferdes in der Box / auf der Koppel
Kapitel 4.6: Diebstahl in der Sattelkammer
Kapitel 4.7: Diebstahl einer Kutsche

3.3.6. Pferdebesitzer / Vermieter eines Pferdes

Als Pferdebesitzer kann sich auf Grund der Vielschichtigkeit der Einsatzmöglichkeiten eines Pferdes sowie der Umstände eine Reihe an Haftungen ergeben. Nachstehend Beispiele aus der Vielfalt an Haftungsmöglichkeiten:
- Haftung für die ordnungsgemäße Verwahrung des Pferdes („Tierhalterhaftung")
- Haftung für unterlassene Aufklärung über Besonderheiten (zB Unarten) des Pferdes (zB Anbringen eines Schildes „Vorsicht bissig" an der Box)

3. Grundlegendes zum Thema Haftung im Umgang mit dem Pferd

- Verhaltensfehler im Umgang mit dem Pferd oder beim Reiten, das allenfalls Haftungen auslöst
- Animation eines Schwächeren zum Mitreiten
- Haftung für Unfälle basierend aufgrund unrichtiger Ausstattung von Pferd und/oder Reiter, sofern darin ein Sorgfaltsverstoß gesehen werden kann
- Unfall aufgrund Selbstüberschätzung oder Überschätzung des Pferdes (zB Ritt mit einem jungen, nervösen Pferd neben einer Bahnstrecke)

Auch bei der Vermietung eines Pferdes bestehen Aufklärungspflichten über zB Unarten des Pferdes. Es sollte auch darauf geachtet werden, welchen Ausbildungsstand der Mitreiter hat, damit das vermietete Pferd auch für den Mitreiter geeignet ist – und sich nicht aus diesen Umständen allenfalls Haftungen ergeben.

Tipp:

Die Haftungsfallen für Pferdebesitzer sind weitaus umfangreicher als vielleicht bekannt. Es sollte daher bei jeder Bitte von Freunden, ein Pferd einmal zu reiten, genau überlegt werden, wem dies gestattet wird, insbesondere wenn Kinder involviert sind. Bei zur Verfügung Stellung für Mitreiter sollte ebenfalls auf die Person des Mitreiters geachtet werden. Es empfiehlt sich eine schriftliche Vereinbarung mit dem Mitreiter.
Es ist zu jedem Zeitpunkt für die ordnungsgemäße Verwahrung des Pferdes zu sorgen, damit kein Haftungsfall aus der Tierhalterhaftung entsteht!

Empfehlung zum Weiterlesen:

Kapitel 3.4.1: Verletzung der Aufklärungspflicht
Kapitel 3.4.3: Gemeinsamer Ausritt
Kapitel 3.4.4: Gemeinschaftssport Reiten
Kapitel 3.4.5: Überreden eines Schwächeren zum Mitreiten
Kapitel 3.4.7: Tierhalterhaftung
Kapitel 4.2: Unfall beim Ausritt
Kapitel 4.9: Unfall bei Überlassung eines Pferdes
Kapitel 4.10: Pferd fügt Personen- / Sachschaden zu
Kapitel 7: Ausritt auf Privatgrund / in den Wald
Kapitel 8: Pferdesport im Straßenverkehr

3.3.7. Mieter eines Pferdes / Mitreiter

Als Mieter bzw Mitreiter eines Pferdes kann man ebenfalls Haftungsadressat werden, dies insbesondere in folgenden Fällen:
- Tierhalterhaftung für die insbesondere ordnungsgemäße Verwahrung des Pferdes
- Verhaltensfehler im Umgang mit dem Pferd oder beim Reiten, das allenfalls Haftungen auslöst
- Animation eines Schwächeren zum Mitreiten
- Haftung für Unfälle basierend aufgrund unrichtiger Ausstattung von Pferd und/oder Reiter, sofern darin ein Sorgfaltsverstoß gesehen werden kann
- Unfall aufgrund Selbstüberschätzung oder Überschätzung des Pferdes (zB Ritt mit einem jungen, nervösen Pferd neben einer Bahnstrecke)

Merke:

Es haftet nicht nur der Besitzer eines Pferdes, sondern jeder, der mit einem Pferd umgeht, für dieses in dem Moment verantwortlich ist und eine Fehlentscheidung trifft oder ähnliches!

Tipp:

Als Mieter oder Mitreiter eines Pferdes sollte genau so gehandelt werden, als wäre man der Besitzer des Pferdes! Das Pferd sollte nicht jemand anderem zur Verfügung gestellt werden; bei jedem Ausritt und jeder Handlung muss überlegt werden, ob die erforderliche Sorgfalt und die ordnungsgemäße Verwahrung des Pferdes gewährleistet ist!

Empfehlung zum Weiterlesen:

Kapitel 3.4.2: Sorgfaltsmaßstab
Kapitel 3.4.3: Gemeinsamer Ausritt
Kapitel 3.4.4: Gemeinschaftssport Reiten
Kapitel 3.4.5: Überreden eines Schwächeren zum Mitreiten
Kapitel 3.4.7: Tierhalterhaftung
Kapitel 4.2: Unfall beim Ausritt
Kapitel 7: Ausritt auf Privatgrund / in den Wald
Kapitel 8: Pferdesport im Straßenverkehr

3.3.8. Züchter / Verkäufer

Züchter bzw Verkäufer können zusätzlich zu den Haftungen als Pferdebesitzer auch noch im Rahmen des Verkaufs für allfällige Ansprüche des Käufers herangezogen werden, wobei diesbezüglich neben den bekannten Gewährleistungs- und Schadenersatzansprüchen auch noch andere Haftungen denkbar sind. Diesen ist gemein, dass entweder eine Rückabwicklung des Kaufvertrages erreicht werden soll oder aber eine nachträgliche Preisminderung vom Käufer gewünscht ist.

Empfehlung zum Weiterlesen:
Kapitel 5: Haftungen beim Verkauf des Pferdes

3.3.9. Tierarzt

Als Tierarzt sieht man sich den diversesten Haftungen ausgesetzt, dies bedeutet allfällige Fehlbehandlungen von Pferden. Im Zusammenhang mit dem Verkauf bzw Kauf eines Pferdes werden Tierärzte für die Durchführung einer Ankaufsuntersuchung beauftragt. Im Rahmen dieser haben sie insbesondere Aufklärungspflichten zu erfüllen. Sofern diese nicht adäquat eingehalten werden, ergeben sich insbesondere daraus Haftungsfälle für Tierärzte.

Auch bei der täglichen Arbeit des Tierarztes können sich Haftungen ergeben; Tierärzte treffen unzählige Entscheidungen – muss das Pferd in die Klinik, welches Medikament ist zielführend, welche Behandlung ist zu wählen und wie lange, etc. Allein aus diesem Umstand heraus kann es das eine oder andere Mal dazu kommen, dass eine Haftung entsteht.

Empfehlung zum Weiterlesen:
Kapitel 5: Haftungen beim Verkauf des Pferdes

3.4. Woraus kann sich eine Haftung ergeben?

3.4.1. Verletzung der Aufklärungspflicht

Für bestimmte Personen besteht eine Aufklärungspflicht als sogenannte Schutzpflicht und Nebenpflicht eines Vertrages. Das bedeutet, dass grundsätzlich nur gewisse Personengruppen aufklä-

3.4. Woraus kann sich eine Haftung ergeben?

rungspflichtig sind. Das kann der Reitlehrer sein, die Reitschule oder der Einstellbetrieb, und zwar jeweils gegenüber dem Reitschüler bzw dem Einsteller oder einer sonstigen Person, die mangels Aufklärung einen Schaden (Unfall, Nachteil, etc) erleiden könnte.

Ob und in welcher Tragweite eine Aufklärungspflicht besteht ist eine Rechtsfrage, die im Einzelfall zu beurteilen ist. Es lässt sich daher nicht einheitlich beantworten, wie weit die Aufklärungspflicht tatsächlich geht.

Folgende Grundsätze lassen sich generell aus der Judikatur ableiten:[26]

- Wie hätte sich ein maßgerechter Reitlehrer / Reitstallbetrieb / Reitschulbetrieb in der konkreten Situation verhalten?
- Bei der Tragweite der notwendigen Aufklärung wird auf die Besonderheiten des Einzelfalles abzustellen sein, wobei der Umfang aber auch nicht überspannt werden darf.
- Eine Aufklärung über alle denkmöglichen Umstände ist jedenfalls nicht erforderlich.

Aus diesen Grundsätzen ergibt sich für den Reitlehrer / Reitschulbetrieb konkret folgende Situation:

Den Reitlehrer / Reitschulbetrieb trifft in jedem Fall eine Aufklärungspflicht, die sich am Reitschüler orientiert. Verfügt dieser über kein oder wenig Wissen, ist die Aufklärungspflicht selbstverständlich entsprechend umfangreicher. Die Aufklärungspflicht wird wohl umfassen, dass die Risiken dargestellt und allfällige Eigenheiten eines Pferdes erläutert werden, Hinweise zur Reitanlage erfolgen, Sicherheitsregeln und die Reitbahnordnung erläutert werden.

Die Aufklärungspflicht kann im Einzelfall wohl nur dann angemessen eingehalten werden, wenn man sich im Vorfeld ein entsprechendes Bild über den Reitschüler oder allenfalls auch den Einsteller macht. Es handelt sich schließlich, wie so oft, um eine Einzelfallbeurteilung, die auch die Fähigkeiten des Reitschülers bzw Einstellers (dh, des Vertragspartners) in die juristische Prüfung miteinbezieht.

Aufklärungspflichten können aber auch alle anderen Berufsgruppen und auch einfach nur den Pferdebesitzer treffen, wenn das Pferd besondere Eigenheiten aufweist (bissig; Buckeln, etc), dann kann allenfalls erforderlich sein, eine entsprechende Informationstafel an der Box anzubringen. Auch Mitreiter sollte man über bekannte Eigenheiten (zB Buckeln) informieren.

---

26   *Reischauer* in *Rummel*, ABGB³; § 1299, Rz 26b mwN.

Merke:

Aufklärungspflichten können jeden treffen. Was der Umfang der Aufklärungspflicht ist, ergibt sich aus der konkreten Situation.
Beispiele:
- Risiko beim Reiten
- Eigenheiten eines Pferdes
- Hinweise zur Reitanlage
- Sicherheitsregeln
- Reitbahnordnung
- etc

Tipp:

Sind Eigenheiten eines Pferdes bekannt, so ist darauf hinzuweisen!
Der Hinweis kann zum Beispiel wie folgt erfolgen:
- Tafeln an der Box (zB „Vorsicht bissig!")
- Information in einer Mitreitvereinbarung (zB „buckelt beim angaloppieren")

3.4.2. Der „Sorgfaltsmaßstab" – Welcher Sorgfaltsmaßstab ist einzuhalten?

Verschulden als Voraussetzung der Haftung

Das Thema Haftung geht meist vom Schadenersatzanspruch aus, für den grundsätzlich, wenngleich nicht immer, Verschulden erforderlich ist:[27]

> „Jedermann ist berechtigt, von dem Beschädiger den Ersatz des Schadens, welchen dieser ihm aus Verschulden zugefügt hat, zu fordern [...]."[28]

Verschulden ist somit Voraussetzung für eine Haftung und dass dem Schädiger sein Verhalten vorwerfbar ist. Juristisch wird dann geprüft, ob eine objektive Sorgfaltsverletzung (neben der subjektiven Sorgfaltsverletzung, dem Verschulden) vorliegt. Nur bei Verletzung der erforderlichen Sorgfalt kann eine Haftung begründet werden.

---

27 Siehe im Detail zu den Voraussetzungen des Schadenersatzanspruches Kapitel 3.2.
28 § 1295 ABGB.

3.4. Woraus kann sich eine Haftung ergeben?

Wann ist welcher Sorgfaltsmaßstab anzuwenden?

Der allgemeine Sorgfaltsmaßstab ist jener, der generell anzuwenden ist. Der erhöhte Sorgfaltsmaßstab betrifft bestimmte Berufsgruppen.

Es hängt davon ab, in welcher Situation sich eine Person im Umgang mit einem Pferd befindet, dh insbesondere, in welcher Rolle. Der Tierhalter im Allgemeinen unterliegt dem allgemeinen Sorgfaltsmaßstab des § 1297 ABGB.[29] Ist der Tierhalter aber zusätzlich auch noch als Reitlehrer tätig, so wird er im Rahmen seiner Reitlehrertätigkeit und für den Fall, dass in diesem Zusammenhang ein Zwischenfall passiert, nicht mehr nach dem allgemeinen Sorgfaltsmaßstab gemessen, sondern nach dem erhöhten Sorgfaltsmaßstab, der bei bestimmten Berufsgruppen anzuwenden ist.

Allgemeiner Sorgfaltsmaßstab

Der allgemeine Sorgfaltsmaßstab, der in einer konkreten Situation anzuwenden ist – bzw bei Prüfung eines Haftungsfalles: anzuwenden gewesen wäre – ist jeweils im Einzelfall zu ermitteln, wobei die Rechtsprechung dafür nachstehende Grundsätze ermittelt hat (die Darstellung erfolgt verkürzt und vereinfacht):[30]

- Wie hätte sich der maßgerechte Durchschnittsmensch in der konkreten Lage des Schädigers verhalten?
- Es hat eine Einzelfallprüfung zu erfolgen.
- Übliche Nachlässigkeit in bestimmten Verkehrskreisen kann den Sorgfaltsmaßstab nicht herabsetzen!
- Das Wissen um konkrete Umstände ist zu berücksichtigen.
- Wissen-Müssen richtet sich nach dem, was ein maßgerechter Mensch in der konkreten Situation hätte wissen müssen.

Die veröffentlichten Urteile zeigen, was als sorgfaltswidriges Verhalten angesehen wurde und bieten damit eine Orientierung für alle Berufsgruppen. Entscheidungen werden in diesem Buch an vielen Stellen dargestellt; vorweg einige Beispiele, in denen die Rechtsprechung sorgfaltswidriges Verhalten angenommen hat:

- Zurückreiten in einer Menschenansammlung mit einem scheu gewordenen, durchgegangenen Pferd.[31]
- Führen eines vor Zügen und Autos scheuenden Pferdes – ohne besondere Sicherung und Notwendigkeit – in deren Nähe.[32]

---

29 *Reischauer* in *Rummel*, ABGB³, § 1297, Rz 2.
30 AaO.
31 *Reischauer* in *Rummel*, ABGB³, § 1297, Rz 5 mwN.
32 GlUNF 2940.

- Anordnung, eine unnötig gefährliche Handlung vorzunehmen, wie zB ein Pferd zur Gewöhnung an einem Bahndamm zu führen.[33]

Merke:
Bezüglich der Einhaltung oder Verletzung der erforderlichen Sorgfalt im Allgemeinen wird vom Gesetz verlangt und von einem allfälligen Gericht geprüft, wie sich der **maßgerechte Durchschnittsmensch** in der konkreten Situation verhalten hätte – es wird daher eine Einzelfallprüfung vorgenommen!
Der allgemeine Sorgfaltsmaßstab ist einzuhalten von:
- Tierhalter
- Pferdebesitzer / Vermieter eines Pferdes
- Mieter eines Pferdes
- Verkäufer eines Pferdes
- ua

Wann ist der allgemeine Sorgfaltsmaßstab konkret erfüllt?

Wann nun der allgemeine Sorgfaltsmaßstab konkret erfüllt ist, hängt – leider oder Gott sei Dank – vom Einzelfall ab. Es wird für die konkrete Situation juristisch geprüft, was denn der allgemeine Sorgfaltsmaßstab gewesen wäre. Wann nun der Sorgfaltsmaßstab im Einzelfall erfüllt ist oder nicht, lässt sich nicht allgemein darstellen.

In diesem Buch werden an verschiedenen Stellen Entscheidungen dargestellt, aus denen sich allgemein ableiten lässt, wann der Sorgfaltsmaßstab nicht erfüllt ist. Dadurch kann der Leser für sich eine Orientierung finden.

Was der Sorgfaltsmaßstab von einer konkreten Person im Einzelfall verlangt, hängt von vielen Gesichtspunkten ab. Die folgende Aufzählung sind Beispiele von Umständen, die bei einer Prüfung in Betracht gezogen werden:
- örtliche Gegebenheiten (Alm, Wohnsiedlung)
- besonderes Umfeld (Menschenansammlung, gefährliche Umgebung, Lärm, Autobahn, etc)
- Witterungsverhältnisse
- Eigenschaften des Pferdes
- Eignung des Pferdes für den konkreten Einsatz
- Ausbildungsstand des Pferdes
- Ausrüstung des Pferdes
- Ausrüstung des Reiters bzw der beteiligten Personen

---

33 GlUNF 2940.

- Ausbildungsstand des Reiters
- Art der sonstigen beteiligten Personen (zB Kinder)

Merke:
Welcher Sorgfaltsmaßstab zu erfüllen ist, hängt von der konkreten Situation im Einzelfall ab. Eine allgemeine Empfehlung kann nur darin bestehen, sich in jeder konkreten Situation bewusst sorgfältig zu verhalten, um das Haftungsrisiko so gut wie möglich zu minimieren.

Erhöhter Sorgfaltsmaßstab bei bestimmten Berufsgruppen

Bei bestimmten Berufsgruppen ist die sogenannte „Sachverständigenhaftung", die einen erhöhten Sorgfaltsmaßstab beschreibt, zu berücksichtigen:

„Wer sich [...] zu einem Gewerbe [...] öffentlich bekennt [...] gibt dadurch zu erkennen, dass er sich den notwendigen Fleiß und die erforderlichen, nicht gewöhnlichen Kenntnisse zutraue; er muss daher den Mangel derselben vertreten."[34]

Damit wird ganz allgemein für jegliche Berufe und Geschäfte ein besonderer Maßstab festgelegt, sofern eine besondere Sachkenntnis erforderlich ist.[35]

Worum geht es bei der Sachverständigenhaftung? Nachstehend die aus Gesetz und Rechtsprechung derzeit ableitbaren Grundregeln (vereinfacht und verkürzt dargestellt):[36]

- Die juristische Prüfung, die vom Gesetz verlangt und vom Gericht durchgeführt wird, ist folgende: Wie hätte sich der maßgerechte Fachmann in der konkreten Situation anstelle des Schädigers verhalten? – Die Frage der Einhaltung oder Verletzung der erforderlichen Sorgfalt ist daher eine „Einzelfallprüfung".
- Zum maßgerechten Fachmann:
  – Es geht um den durchschnittlichen Fachmann des jeweiligen Fachgebietes.
  – Innerhalb einer Berufsgruppe ist allenfalls nach Fachkreisen zu differenzieren; daraus könnte man ableiten, dass die Sachverständigenhaftung abhängig von der tatsächlichen Ausbildung auch entsprechend differenziert zu betrachten ist.
  – Entscheidend ist der Leistungsstandard der betreffenden Berufsgruppe; es geht um die typischen Fähigkeiten des betreffenden Verkehrskreises.

---

34 § 1299 ABGB.
35 *Reischauer* in *Rummel*, ABGB³, § 1299, Rz 1.
36 *Reischauer* in *Rummel*, ABGB³, § 1299, Rz 2 mwN.

- Auf den Fachkreis bezogen werden aber dann auch wieder keine außergewöhnlichen Fähigkeiten verlangt; es geht um den maßgerechten Fachmann.
- Der Sorgfaltsmaßstab darf dabei aber auch nicht überspannt werden.
- Das Wissen um konkrete Umstände des Einzelfalles, das der Schädiger hatte, ist zu berücksichtigen.
- Demgegenüber richtet sich das Wissen-Müssen nach dem, was ein maßgerechter Mensch in der konkreten Situation hätte wissen müssen.

Der Sorgfaltsmaßstab ist daher als objektiver Sorgfaltsmaßstab anzusehen, der im Einzelfall überprüft wird und nicht durch diverse Regelungen (siehe sogleich zu ÖTO uä) festgelegt, sondern allenfalls beschrieben wird.

Merke:

Bezüglich der Einhaltung oder Verletzung der erforderlichen Sorgfalt bei bestimmten Berufsgruppen, die besondere Kenntnisse aufweisen, wird vom Gesetz verlangt und von einem allfälligen Gericht geprüft, wie sich der **maßgerechte Fachmann** in der konkreten Situation verhalten hätte – es wird daher eine Einzelfallprüfung vorgenommen!

Der erhöhte Sorgfaltsmaßstab ist einzuhalten von:
- Reitlehrer / Trainer / Bereiter
- Gelegenheitsreitlehrer
- Reitschule
- Reitstall
- allenfalls Züchter / Verkäufer
- Tierarzt
- ua

Exkurs: FENA-Regelungen, ÖTO, uä.

Verschiedene Institutionen arbeiten im sportlichen Bereich oft die diversesten Regelungen aus. Diese enthalten bisweilen auch Sorgfaltsmaßstäbe. Deren Einstufung ist für den in der Praxis Handelnden von nicht unwesentlicher Bedeutung.

Es mag verwundern, dass ein Einhalten dieser Regelungen nicht notwendigerweise zu einem Schutz vor einer Haftung führt! Warum: Diese Regelungen stellen keine Rechtsnormen dar! Bisweilen können sie als Zusammenfassung der geltenden Grundsätze im Hinblick auf das Sorgfaltsgebot angesehen werden, wobei sie sowohl richtig als auch falsch sein können.

3.4. Woraus kann sich eine Haftung ergeben?

Das bedeutet: Derartige Regelungen können einen Sorgfaltsmaßstab richtig beschreiben, stellen aber selbst keinen Sorgfaltsmaßstab dar.[37] Hält man sich daher an sämtliche Regelungen zB des Verbandes, dem man angehört, bedeutet das noch lange nicht, dass man keiner Haftung ausgesetzt wäre!

Merke:

Der Sorgfaltsmaßstab wird durch konkrete Erfordernisse im Einzelfall ermittelt und letztlich von einem Gericht beurteilt. Sämtliche Regelungen von Institutionen, welcher Art auch immer, können – bei deren Einhaltung – nicht automatisch zu einer Haftungsbefreiung führen!

3.4.3. Gemeinsamer Ausritt

Passiert ein Unfall während eines Ausrittes, bei welchem mehrere Pferde beteiligt sind, muss nicht notwendigerweise gleich eine Haftung eines einzelnen bestehen. Grundsätzlich bleibt die Eigenverantwortlichkeit des Einzelnen in so einem Fall bestehen. Gibt es einen geübteren oder erfahreneren Reiter, ist dieser auch nicht allein schon deshalb verantwortlich, weil er etwa den Ausritt geplant, die Route gewählt oder die Gruppe angeführt hat.[38] Selbst wenn gefährliches Gelände betreten werden sollte und eine Person innerhalb der Reitgruppe eine deutliche Initiative zum Betreten dieses Geländes entwickelt hat, haftet diese Person nicht automatisch nur deswegen.[39]

Ein Überreden oder Animieren eines Schwächeren stellt demgegenüber aber sehr wohl ein Haftungsrisiko dar.[40]

Zudem kann auch im Rahmen des gemeinsamen Ausritts die typischerweise verbundene Gefährdung als dem Gemeinschaftssport immanentes erlaubtes Risiko angesehen werden und bei einem Zwischenfall auch diesbezüglich eine Haftung entfallen (siehe dazu sogleich Kapitel 3.4.4.).

---

37 Vgl etwa ausführlich zu den Pistenregeln *Reischauer* in *Rummel*, ABGB³, § 1297, Rz 7.
38 Vgl zur Rechtsprechung im Zusammenhang mit Bergtouren *Reischauer* in *Rummel*, ABGB³, § 1294, Rz 77.
39 AaO.
40 Vgl dazu im Detail Kapitel 3.4.5.

Merke:
Bei einem gemeinsamen Ausritt muss nicht automatisch einer der Beteiligten für den Unfall eines anderen haften. Die Planung eines Ausrittes führt zB nicht automatisch zu einer Haftung desjenigen, der die Planung übernommen hat.

3.4.4. Gemeinschaftssport Reiten – typischerweise verbundene Gefährdung als erlaubtes Risiko

Die mit Sportarten typischerweise verbundenen Gefährdungen können als erlaubtes Risiko angesehen werden.[41] Dies gilt natürlich auch für den Reitsport. Passieren Unfälle oder Verletzungen, die durch den Einfluss der beteiligten Personen nicht verhindert werden können, kann auf Grund dessen eine Haftung entfallen. Auch hier muss eine Prüfung im Einzelfall erfolgen und seitens eines Gerichtes genau geprüft werden, ob die Voraussetzungen für einen Schadenersatzanspruch und damit für eine Haftung gegeben sind oder eben nicht.

Verletzung am Abreiteplatz vor einem Springturnier – OGH 6.12.1990, 7 Ob 674/90

Sachverhalt:
Am Abreiteplatz vor einem Springturnier befanden sich mehrere Teilnehmer mit ihren Pferden. Das Pferd einer Teilnehmerin geriet in Unruhe und galoppierte an. Die Teilnehmerin konnte das Pferd nicht sofort unter Kontrolle bringen und galoppierte zwischen zwei im Schritt gehenden Pferden durch, die zueinander einen Abstand von eineinhalb bis zwei Meter hielten. Das galoppierende Pferd erschrak in diesem Moment, schlug aus und trat einen der Teilnehmer, der im Schritt unterwegs war, am Oberschenkel und verletzte diesen schwer.

Entscheidung:
Die Klage des am Oberschenkel verletzten Teilnehmers wurde letztlich abgewiesen. Nach Auffassung der Gerichte haben die Teilnehmer bei Reit- und Springturnieren die damit verbundenen unvermeidlichen Gefahren selbst zu tragen. Der Beklagten konnten weder ein Regelverstoß noch ein reiterliches Fehlverhalten zur Last gelegt werden; es konnte nicht einmal festgestellt werden, dass die Beklagte den Unfall bei Aufwendung der gebotenen Sorgfalt hätte vermeiden können. Wenngleich das Hineinreiten in eine zwischen zwei Reitern bestehende Lücke objektiv als reiterliches Fehlverhalten zu werten ist, konnte es der Beklagten in dem konkreten Fall subjektiv nicht vorgeworfen

---

41 *Reischauer* in *Rummel*, ABGB^3, § 1297, Rz 8.

werden. Eine Haftung für die Folgen des am Oberschenkel schwer verletzten Teilnehmers war daher nicht gegeben. Der OGH betonte zusätzlich, dass es immer wieder vorkommt, dass Pferde „durchgehen" und auch von erfahrenen Reitern nicht unverzüglich unter Kontrolle gebracht werden können. Folglich gehören auch gefährliche Berührungen zwischen Reitern und Pferden zum Wesen des Turniersports. Aus dieser typischen Gefahr der gemeinsamen Sportausübung entstand die Verletzung des Klägers. Der OGH verneinte die Rechtswidrigkeit des Verhaltens der Beklagten, da dieses weder beabsichtigt noch vermeidbar war. Da die Rechtswidrigkeit eine Voraussetzung für die Begründung einer Schadenersatzpflicht ist, wurde die Haftung der Klägerin verneint. Auch aus dem Gesichtspunkt der Tierhalterhaftung konnte keine Haftung begründet werden, da auch dafür rechtswidriges Handeln oder Unterlassen erforderlich ist.

Merke:

Jeder Unfall führt nicht automatisch zu einer Haftung. Mit dem Reiten ist eine Gefährdung verbunden, die als erlaubtes Risiko angesehen wird. Es kann daher aus diesem Grund eine Haftung erst gar nicht entstehen.

3.4.5. Überreden / Animieren eines Schwächeren zum Mitreiten

Gemäß Kapitel 3.4.3 und 3.4.4 ist grundsätzlich bei einem gemeinsamen Ausritt bzw aufgrund der Tatsache, dass ein Gemeinschaftssport ausgeübt wird, allenfalls davon auszugehen, dass kein Haftungsfall vorliegt.

Es sollte jedoch unbedingt darauf geachtet werden, dass ein anderer nicht animiert wird dazu, sich einem in einer „Gefahrenzone" anzuvertrauen. Diesfalls muss nämlich für die sogenannte Gefahrenabwehr gesorgt werden, dh man muss entsprechende Sorgfalt aufwenden; es erfolgt eine Pflicht zur Gefahrenabwehr, aus welcher eine Haftung entstehen kann. Die Rechtsprechung geht davon aus, dass in diesem Fall eine vergleichbare Lage zur Erzeugung einer Gefahr vorliegt und sich daraus die entsprechenden Pflichten ergeben. Wird daher jemand überredet oder animiert dazu, dass er sich zB in gefährliches Gelände mit einem Pferd begibt (neben einer Bahnstrecke; auf steiles Gelände etc), und ist diese Person des Reitens nicht entsprechend kundig, so muss derjenige, der die Person überredet hat, jegliche Gefahren abwenden. Kommt es nämlich zu einem Unfall, haftet der Animator!

Diese Verpflichtung zur Gefahrenabwehr besteht auch dann, wenn die Reittour bloß aus Gefälligkeit geführt wird.[42]

Merke:
Vom Überreden oder Animieren eines des Reitens nicht so Kundigen sollte abgesehen werden. Man lastet sich damit die Pflicht auf, diesen schwächeren Reiter vor Gefahren zu schützen, andernfalls es zur Haftung kommen kann!

3.4.6. Keine Haftung / Die typische Tiergefahr

Zwischenfälle ohne Haftung

Wurde die erforderliche Sorgfalt eingehalten und haftet der Reitlehrer, Bereiter, Trainer, die Reitschule, der Reitstall, etc gerade nicht, dann kann ein Zwischenfall auf folgendes zurückzuführen sein:
- der Geschädigte selbst hat ein Fehlverhalten gesetzt
- ein Dritter hat ein Fehlverhalten gesetzt (allenfalls haftet dann dieser Dritte)
- Zufall
- Verwirklichung der typischen Tiergefahr

Zufall

Für Zufall muss niemand einstehen, dh es kann niemand zur Haftung herangezogen werden:

> *„Der bloße Zufall trifft denjenigen, in dessen Vermögen oder Person er sich ereignet."*[43]

Als Zufall muss es etwa angesehen werden, wenn ein Pferd stolpert und infolgedessen der Reiter zum Sturz kommt und sich verletzt. Dabei handelt es sich juristisch um „Zufall". Sofern sonst die notwendige Sorgfalt eingehalten wurde und das Stolpern des Pferdes nicht etwa auf eine Vernachlässigung der Wegehalterpflicht (Unebenheiten des Weges; Löcher im Weg etc) zurückzuführen ist, haftet in dem Fall weder der Pferdebesitzer noch ein allfälliger Reitschulbetrieb oder Reitlehrer.

---

42 Siehe zu dieser Thematik die Rechtsprechung zum Thema Bergtour bzw auch zum Bergführer aus Gefälligkeit in *Reischauer* in *Rummel*, ABGB³, § 1294, Rz 77, mwN.
43 § 1311 ABGB.

3.4. Woraus kann sich eine Haftung ergeben?

Typische Tiergefahr

Unter der Tiergefahr wird juristisch Folgendes verstanden:

„Diese [Tiergefahr] ist dadurch gekennzeichnet, dass das Tier durch seine eigenen willkürlichen, von Trieben und Instinkten geleiteten Bewegungen, die nicht durch Vernunft kontrolliert werden, Schaden stiften kann."[44]

Im Zusammenhang mit Pferden hält der OGH zB auch fest, dass es immer wieder vorkommt, dass Pferde auch von erfahrenen Reitern nicht unverzüglich unter Kontrolle gebracht werden können, sodass gefährliche Berührungen zwischen Reitern und Pferden grundsätzlich zum Wesen des Reitsports gehören. Weiter hält der OGH fest:

„Der Reiter hat die mit dem Reitsport verbundenen typischen Gefahren selbst zu tragen; das nicht immer kalkulierbare Verhalten eines Pferdes, das zu Stürzen des Reiters führen kann, stellt ein typisches Risiko des Reitsports dar, das nicht unter allen Umständen ausgeschlossen werden kann."[45]

Ausdrücklich wird seitens des OGH für Pferde auch festgehalten, dass sie keine Maschinen, sondern Lebewesen mit eigenem Willen sind. Als Fluchttiere sind sie grundsätzlich schreckhaft. Sie können aus vom Reiter nicht als gefährlich erkennbaren Anlässen scheuen.[46]

Der OGH in diesem Zusammenhang weiter:

„Eine gewisse, bei den einzelnen Sportarten mehr oder weniger große und verschiedenartig bedingte Gefährdung der körperlichen Unversehrtheit des Sportausübenden ist im Wesen des Sports begründet und das notwendigerweise damit verbundene Risiko für die körperliche Unversehrtheit der daran teilnehmenden Personen daher gebilligt."[47]

Es ist daher immer im Zusammenhang mit einem Unfall zu prüfen, ob sich die typische Tiergefahr nun verwirklicht hat oder ob tatsächlich eine Sorgfaltswidrigkeit vorlag, die auch noch ursächlich für den Unfall war.

---

44 OGH 15.9.1982, 1 Ob 638/82.
45 OGH 14.7.2012, 7 Ob 94/12 t.
46 AaO.
47 AaO.

3. Grundlegendes zum Thema Haftung im Umgang mit dem Pferd

Ausschlagen mit den Hinterhufen – OGH 9.7.1996, 4 Ob 2155/96g

Sachverhalt:
Der genaue Sachverhalt ist nicht veröffentlicht. Offensichtlich kam es durch das Ausschlagen mit den Hinterhufen zur Verletzung einer Person.

Entscheidung:
Laut OGH:
"Tatsache ist, dass – auch gutmütige – Pferde bisweilen mit den Hinterhufen ausschlagen, sodass es gefährlich ist, sich ihnen von hinten zu sehr anzunähern. Das ist – auch Großstadtmenschen – allgemein bekannt."
Laut dem Sachverständigen sei es allerdings kein Allgemeinwissen, wie man sich einem Pferd auch von hinten gefahrlos nähern könnte. Allgemein gilt, dass Tiere durch ihre von Trieben und Instinkten gelenkten Bewegungen, die nicht durch Vernunft kontrolliert werden, Schaden stiften können. Das sei auch allgemeines Erfahrungswissen der Menschen.
Die Vorinstanzen hatten ein Mitverschulden des Klägers zur Hälfte angenommen, dem sich der OGH anschloss.

Auf Grund der typischen Tiergefahr ist gesetzlich jedoch noch eine weitere Haftung normiert – die Tierhalterhaftung (siehe sogleich in Kapitel 3.4.7.), die diese Gefahr für andere Menschen und auch Sachen durch eine gesetzlich normierte Haftung für den Geschädigten ausgleichen soll.

Merke:

Eine Haftung kann aus folgenden Fällen ausscheiden:

- Der Geschädigte (Verunfallte) ist selbst am Unfall schuld.
- Ein Dritter hat ein Fehlverhalten gesetzt.
- Ein Unfall ist zufällig passiert (zB Stolpern des Pferdes).
- Die typische Tiergefahr hat sich verwirklicht – das Pferd reagiert aufgrund seiner Triebe oder Instinkte.

3.4.7. Tierhalterhaftung

Die Tierhalterhaftung wird im Gesetz wie folgt definiert:

"Wird jemand durch ein Tier beschädigt, so ist derjenige dafür verantwortlich, der es dazu angetrieben, gereizt oder zu verwahren vernachlässigt hat. Derjenige, der das Tier hält, ist verantwortlich, wenn er nicht beweist, dass er für die erforderliche Verwahrung oder Beaufsichtigung gesorgt hatte."[48]

---

48 § 1320 ABGB.

3.4. Woraus kann sich eine Haftung ergeben?

und besteht somit aus zwei unterschiedlichen Tatbeständen, die jeder für sich erfüllt sein und damit zur Haftung führen kann:
1. Jeder Tierhalter haftet, wenn er schuldhaft das Tier angetrieben, gereizt oder zu verwahren vernachlässigt hat.
2. Der Tierhalter haftet, wenn er nicht nachweisen kann, dass er für die erforderliche Verwahrung oder die Beaufsichtigung des Tieres gesorgt hat.

Unter einem Tierschaden im Sinne des Gesetzes und im Sinne der Tierhalterhaftung ist jedoch nur ein solcher zu verstehen, der seine Ursache auch in der besonderen Tiergefahr (dazu siehe oben Kapitel 3.4.6) hat; ein Tierschaden wird gerade durch die in der Unberechenbarkeit des Tieres liegende Tiergefahr herbeigeführt.[49]

Damit ergeben sich zusammengefasst folgende Haftungsgrundsätze für den Tierhalter:[50]

- Der Tierhalter muss die objektive Sorgfalt eingehalten haben.
- Er haftet für rechtswidriges, wenn auch schuldloses Verhalten.
- Der Halter muss beweisen, dass er für die erforderliche Verwahrung oder Beaufsichtigung gesorgt hat.
- Sind mehrere Personen Mithalter, so haften diese solidarisch, dh jeweils zur Hälfte gegenüber einem allfällig Verletzten oder sonst Geschädigten.[51]

Folgende Grundsätze ergeben sich aus der Rechtsprechung für die erforderliche Verwahrung oder Beaufsichtigung durch den Tierhalter:[52]

- Das Maß der aufzuwendenden Sorgfalt durch den Tierhalter ist nach der Rechtsprechung im Einzelfall nach den Umständen zu bestimmen.
- Eigenschaften bzw Eigenarten (zB aggressiv gegen Hunde), die Individualität des Tieres (zB gutmütig oder bissig, nervös, rossig, unberechenbar, etc) sind zu berücksichtigen.
- Die Verwendungsart des Pferdes ist zu berücksichtigen.
- Das bisherige Verhalten (bereits ausgebrochenes Pferd) sowie die Gefährlichkeit sind zu berücksichtigen.
- Ebenfalls die Umgebung (Alm oder stark frequentierte Straße) ist zu berücksichtigen.
- Aus alldem ist die Wahrscheinlichkeit einer Schadenszufügung zu prüfen.

---

49 OGH 15.9.1982, 1 Ob 638/82.
50 *Reischauer* in *Rummel*, ABGB³, § 1320, Rz 20.
51 *Reischauer* in *Rummel*, ABGB³, § 1320, Rz 8.
52 *Reischauer* in *Rummel*, ABGB³, § 1320, Rz 12.

- Es muss aber nicht jede denkbare Möglichkeit einer Schädigung ausgeschlossen sein.
- Bei besonderer Gefährlichkeit (zB Bösartigkeit) eines Tieres ist besondere Sorgfalt geboten.
- Als Maßnahmen werden vom Tierhalter jene verlangt, die vernünftigerweise nach der Verkehrsauffassung (zB ortsüblich oder landesüblich) erwartet werden können.
- Die Maßnahmen müssen objektiv zumutbar sein und es darf zu keiner Überspannung der Anforderungen führen (zB bei einem nicht bösartigen Tier).
- Es ist eine Interessensabwegung vorzunehmen, wobei nach der Rechtsprechung Pferde, da sie Fluchttiere sind, trotz Kostspieligkeit besonders zu sichern sind!

Wer ist nun aber Tierhalter?

Tierhalter ist, wer die Herrschaft über das Tier ausübt und damit auch die Entscheidung trifft, wie ein Tier betreut oder verwendet wird. Das bedeutet, dass Tierhalter nicht notwendigerweise der Eigentümer des Pferdes sein muss. Im Regelfall wird es aber der Pferdebesitzer sein.

Die kurzfristige Miete oder Leihe eines Pferdes führt nicht zur Tierhaltereigenschaft. Erfolgt dies jedoch längerfristig, wird wiederum Tierhaltereigenschaft begründet.[53]

Was bedeutet die Tierhalterhaftung für den Halter eines Pferdes?

Folgende Grundsätze lassen sich spezifisch für den Halter eines Pferdes ableiten (beispielhaft und gekürzt):[54]

- Der Pferdehalter muss sein Pferd verwahren, wie es bei Vorliegen der konkreten Umstände notwendig ist. Diese ergeben sich aus den erkennbaren Eigenschaften des Pferdes und aus den jeweiligen Umständen, wie zB Gefährlichkeit des Pferdes und die Möglichkeit der Schädigung durch das spezifische Verhalten des Pferdes.
- Eine höhere Sorgfalt ist geboten, wenn ein Pferd aggressiv ist oder zum Ausbrechen neigt.

---

53 Zu den Grundsätzen des Tierhalterbegriffs vgl *Harrer* in *Schwimann/Kodek*, ABGB-Praxiskommentar³, § 1320, Rz 2 ff; vgl OGH 22.06.1972, 2 Ob 68/72.
54 Vgl *Weixelbraun-Mohr* in *Kletecka/Schauer*, ABGB-ON$^{1.02}$, § 1320, Rz 9 ff, 18 ff.

3.4. Woraus kann sich eine Haftung ergeben?

- Die Umzäunung muss insbesondere bei Pferden ein geeignetes Hindernis vor Fluchtreaktionen sein, besonders in der Nähe frequentierter Straßen.
- Der Pferdehalter darf sein Pferd nur einer des Reitens hinreichend kundigen und körperlich geeigneten Person überlassen.
- Der Nachweis, dass das Pferd ordnungsgemäß verwahrt oder beaufsichtigt wurde, ist vom Tierhalter zu erbringen.
- Auffallend sorgloses Verhalten liegt nicht schon deshalb vor, weil ein Pferd scheut, sich aufbäumt oder gar durchgeht, da dies normalerweise nämlich nicht mit Sicherheit ausgeschlossen werden kann.
- Die objektiv gebotene Sorgfalt der Verwahrung ist anzuwenden, unabhängig davon, ob der Tierhalter dazu subjektiv in der Lage war.

Die objektive Sorgfalt des Tierhalters – OGH 18.12.2009, 2 Ob 211/09 G

Sachverhalt:
Der Beklagte war ein ausgebildeter Trabrennfahrer. Er beabsichtigte, mit seinem Pferd und dem angehängten Trainerwagen auszufahren. Er richtete Pferd und Wagen her, öffnete die Tore seines Anwesens, band das Pferd los, stieg auf den Wagen auf und wollte wenden, als er plötzlich kollabierte und bewusstlos vom Wagen stürzte. Das herrenlose Pferd lief samt Wagen auf die Fahrbahn der Landesstraße, wo es zu einem Unfall kam.

Entscheidung:
Die Tierhalterhaftung in § 1320 ABGB berücksichtigt die besondere Tiergefahr dadurch, dass nicht auf das subjektive Verschulden des Tierhalters, sondern auf die objektiv gebotene Sorgfalt abgestellt wird.
Das Pferd des Beklagten war nach dessen plötzlichen Kollaps unbeaufsichtigt und nicht mehr ordnungsgemäß verwahrt, weshalb es durch die offen stehenden Tore ungehindert entweichen konnte. Dass der bewusstlose Beklagte nicht mehr für die Beaufsichtigung sorgen konnte, ist ihm zwar subjektiv nicht vorwerfbar, das Haftungserfordernis der objektiven Sorgfaltsverletzung ist aber erfüllt.
Der Beklagte, dessen Pferd – aufgrund seines plötzlichen Kollapses – einen Unfall verursachte, wurde daher aufgrund seiner Tierhalterhaftung zum Ersatz des Fahrzeugschadens des Klägers verurteilt.

Der richtige Verwahrungsort – OGH 10.7.1996, 3 Ob 2229/96g

Sachverhalt:
Der Beklagte fuhr mit einem Sulky, der von einer vierjährigen Haflingerstute gezogen wurde, auf einen öffentlichen Parkplatz. Dort band er das Tier mit dem angehängten Sulky mit einem Strick, an dessen Ende sich ein Karabiner befand, an der Querstrebe eines Strommastes an. Er begab sich sodann zu einem Gasthof, um dort etwas zu konsumieren. Er war etwa 15 m vom Pferd entfernt und hatte ständig Sichtkon-

3. Grundlegendes zum Thema Haftung im Umgang mit dem Pferd

takt. Aus ungeklärter Ursache geriet das Pferd in Panik. Der Karabiner brach wegen eines Materialfehlers und das Pferd riss sich los. In weiterer Folge beschädigte es unter anderem das Fahrzeug des Klägers. Der Materialfehler, durch den der Bruch des Karabiners verursacht wurde, war für den Beklagten nicht erkennbar.
Das Pferd beschädigte in weitere Folge das auf einem Parkplatz abgestellte Kraftfahrzeug des Klägers.

Entscheidung:
Der Tierhalter ist verpflichtet, ein Tier so zu verwahren, dass die Gefahr der Verursachung eines Schadens möglichst gering ist. Stehen mehrere Verwahrungsorte zur Verfügung, dann hat er jenen zu wählen, an dem das Risiko das Geringste ist. Von dieser Pflicht ist der Tierhalter nicht dann befreit, wenn er das Tier auf eine Weise anbindet, von der er annehmen darf, dass es sich nicht losreißen kann. Diesfalls hat er nämlich die Gefahr des – jedenfalls bei bloß gewöhnlicher Art der Verwahrung nie mit vollständiger Sicherheit auszuschließenden – Losreißens erhöht. Die vom Tierhalter objektiv zu erwartende Sorgfalt hat er damit nicht angewendet.
Der OGH wies den Fall zur neuerlichen Entscheidungen an das Erstgericht zurück, da Feststellungen darüber fehlten, ob nicht andere Orte zur Verfügung gestanden wären, bei denen die Gefahr geringer gewesen wäre.

Eine sich Tierhaltern oft stellende Frage ist die Wahl der richtigen Einzäunung, die rasch eine Haftung des Tierhalters hervorruft. Exakte Vorschriften dafür gibt es für die Pferdehaltung nicht. Die Rechtsprechung bietet dazu folgende Anhaltspunkte:[55]

- Es ist grundsätzlich dafür zu sorgen, dass Pferde nicht entkommen können.
- Elektrische Weidezäune genügen zur Sicherung von Pferden, die Fluchttiere sind, grundsätzlich nicht.
- Können Wanderer zB Weiden öffnen (zB da ein Weg durchführt) ist dies bei der Verwahrung durch den Tierhalter entsprechend zu berücksichtigen.
- Man benötigt anstelle eines Elektro-Zaunes, der bei Fluchtreaktionen kein wirksames Hindernis ist, eine stabile Umzäunung, zB Holz- oder Drahtmaschengitterzaun in Höhe von etwa 1,40 bis 1,60 Meter.[56]
- Befindet sich eine Weide in unmittelbarer Nähe einer frequentierten Straße, erhöhen sich die Verwahrungspflichten.
- Da Pferde aber eine längere Strecke relativ unproblematisch (einige Kilometer) zurücklegen können, bleibt der Sorgfaltsmaß-

---

55 *Reischauer* in *Rummel*, ABGB³, § 1320 ABGB, Rz 14.
56 *Harrer* in *Schwimann/Kodek*, ABGB-Praxiskommentar², § 1320 ABGB, Rz 17 mwN.

stab entsprechend hoch, wenn zB in einigen Kilometern Entfernung eine Autobahn vorbeiführt.

Merke:

Tierhalter ist nicht nur der Eigentümer, sondern jeder, der die Herrschaft über das Tier ausübt und darüber entscheidet, wie ein Tier betreut oder verwendet wird.
Der Tierhalter haftet für die erforderliche Verwahrung und / oder Beaufsichtigung des Pferdes; er haftet dann, wenn er nicht nachweisen kann, dass er diese Pflicht erfüllt hat.
Die erforderliche Sorgfalt wird im Einzelfall ermittelt, hängt von den Umständen, den Eigenarten und dem bisherigen Verhalten des Pferdes und der Wahrscheinlichkeit einer Schadenszufügung ab. Der Tierhalter muss jene Maßnahmen treffen, die vernünftigerweise von ihm erwartet werden können.
Da Pferde Fluchttiere sind, sind sie – trotz Kostspieligkeit der erforderlichen Verwahrung – entsprechend sicher zu halten (dh entsprechend den Erfordernissen einzuzäunen etc).

3.4.8. Haftungen des Reitstallbetreibers ...

3.4.8.1. ... für Pferd und Ausrüstung des Einstellers

Für Reitstallbetreiber gibt es eine besondere Haftungsbestimmung, die für sämtliche Unternehmer gilt, die Stallungen halten. Es handelt sich dabei um eine Sonderform der sogenannten Gastwirtehaftung,[57] die im Grundsatz auf Unternehmer, die Stallungen halten, angewandt wird. Die Haftung solcher Unternehmer (dh Reitstallbetreiber) bezieht sich auf die eingestellten Tiere und der in Stallungen und Aufbewahrungsräumen befindlichen Sachen. Voraussetzung ist, dass eine sogenannte „Gefahr des offenen Hauses" besteht.[58]

Aus Gesetz und Rechtsprechung ergeben sich damit folgende Grundsätze, die für Reitstallbetreiber relevant sind (im Folgenden in Kürze dargestellt):[59]

- Es haftet der Reitstallbetreiber (bei Pacht der Pächter), sofern der Betrieb gewerbsmäßig erfolgt.

---

57 § 970 ABGB.
58 Die Haftung von Unternehmern, die Stallungen halten, ist in § 970 Abs 2 ABGB geregelt.
59 Vgl zu den nachstehend zusammengefassten Grundsätzen *Schubert* in *Rummel*, ABGB³, § 970, Rz 1 ff; *Parapatits* in *Schwimann/Kodek*, ABGB-Praxiskommentar⁴, § 970, Rz 1 ff.

- Bei Privatvermietungen wird auf den Umfang des Betriebes abgestellt, ob diese spezielle Haftung ebenfalls anzuwenden ist.
- Erforderlich ist eine Gefahr des offenen Hauses, dh, dass die Räumlichkeit von dritten Personen betreten werden können. Kann ein Raum nur vom Einsteller selbst benutzt werden oder nur von befugten Personen, die durch Absperrung des Raumes dritte Personen von der Benützung der Räumlichkeiten ausschließen können, besteht keine Haftung.[60]
- Die Haftung besteht für die eingestellten Tiere.
- Weiters für die „auf" den Tieren befindlichen Sachen.
- Der Reitstallbetreiber haftet für:
  - eigenes Verschulden
  - das Verschulden jener Personen, die für ihn tätig sind
  - Schäden, die durch fremde im Reitstall aus- und eingehende Personen verursacht werden („Gefahr des offenen Hauses")
    - Fremd sind jene Personen, die sowohl zum Einsteller als auch zum Reitstallbetreiber fremd sind. Es besteht daher keine Haftung für Schäden, die Besucher des Einstellers, dessen Familienangehörige oder sonstige diesen zurechenbare Personen verursachen.
    - Fremd sind auch andere Einsteller, Lieferanten des Reitstallbetreibers, Einschleichdiebe und Einsteigdiebe.
- Keine Haftung besteht dafür, wenn sich Personen durch Einbruch oder sonst durch Gewaltanwendung Zutritt zu den Räumlichkeiten im Reitstall verschafft haben.[61]
- Ist der Einsteller selbst sorglos, so kommt es letztlich zur Schadensteilung, wobei sich auch in diesem Zusammenhang der auf den Einsteller anzuwendende Sorgfaltsmaßstab nach den Umständen des Falles richtet, jedoch nicht überspannt werden darf.[62]
- Eine Haftung für zufällige Schäden trifft den Reitstallbetrieb nicht, es sei denn der Schaden hätte bei Einhaltung der erforderlichen Sorgfalt abgewendet werden können.[63]

---

60 *Parapatits* in *Schwimann/Kodek*, ABGB-Praxiskommentar[4], § 970, Rz 23.
61 Vgl aber im Rahmen der Gastwirtehaftung jene Entscheidung, wonach der, der mittels einer Leiter in ein im ersten Stock gelegenes Gastzimmer durch die angelehnte Balkontüre eindringt als Einsteigdieb gilt und der von ihm verursachte Schaden daher eine Haftung des Gastwirtes auslöst (JBl 1977, 482) oder die Haftung für den Dieb, der ohne Gewaltanwendung in das Haus gelangt und sich dort mittels eines Nachschlüssels Zutritt zu einem Zimmer verschafft (EvBl 1976/167).
62 *Schubert* in *Rummel*, ABGB[3], § 970, Rz 9.
63 *Schubert* in *Rummel*, ABGB[3], § 970, Rz 7.

3.4. Woraus kann sich eine Haftung ergeben?

- Der Reitstallbetreiber hat die Möglichkeit zu beweisen, dass der Schaden weder durch sein eigenes Verschulden, das Verschulden jener Personen, die für ihn tätig sind oder aber durch Fremde im Reitstall aus- und eingehende Personen verursacht wurde (Beweislastumkehr).

Beim Reitstallbetreiber handelt es sich daher, für den Fall, dass er unternehmerisch und gewerbsmäßig tätig wird, um eine Personengruppe, die einer besonderen gesetzlich angeordneten Haftung unterliegt. Diese bezieht sich sowohl auf das Pferd selbst als auch – wahrscheinlich (dazu siehe Kapitel 4.6. und 4.7.) – auf das vom Einsteller mitgebrachte Zubehör. Kompensiert wird mit dieser Haftung – nach den Vorstellungen des Gesetzgebers – die sogenannte „Gefahr des offenen Hauses".

Im Reitstall ist es – wie beim Gastwirt, für den diese Haftung grundsätzlich gesetzlich angeordnet ist – üblich, dass viele Leute regelmäßig das Gelände und die Stallungen betreten. Der Reitstallbetreiber hat daher vorzusorgen, dass Schäden durch derartige Personen gegenüber den Einstellern verhindert werden. Es liegt in seiner Hand, entsprechende Vorkehrungen diesbezüglich zu treffen. Aufgrund der entsprechenden Rechtslage sollte daher auch von jedem Reitstallbetreiber geprüft werden, was allenfalls in den eigenen Stallungen verbessert werden kann.

Für Kostbarkeiten, Geld und Wertpapiere besteht eine wertmäßige Beschränkung auf € 550,00, die auch für Unternehmer, die Stallungen halten, anwendbar ist.[64] Eine weitere Haftungseinschränkung gilt jedoch für Unternehmer, die Stallungen und Aufenthaltsräume halten, nicht.[65] Keine Haftungserleichterung für Geld und Wertpapiere gibt es jedoch dann, sollte der Reitstallbetreiber diese zur Aufbewahrung übernommen haben oder er selbst oder Personen, die für ihn tätig werden, den Schaden verschuldet haben.[66]

Voraussetzung für eine Haftung ist aber, dass der Einsteller dem Reitstallbetreiber unverzüglich bekannt gibt, dass ein Schaden eingetreten ist. Erfolgt dies nicht, entfällt die Haftung.[67] Für

---

64 *Parapatits* in *Schwimann/Kodek,* ABGB-Praxiskommentar[4], § 970, Rz 2.
65 Dies entgegen Gastwirten und Badeanstaltsbesitzern, die durch eine eigene Verordnung einer Haftungsbeschränkung von derzeit € 1.100,00 unterliegen (BGBl 1921/638 idF BGBl I 2001/98).
66 Vgl § 970a ABGB.
67 § 970b ABGB; eine Bestimmung, die auch auf Unternehmer, die Stallungen oder Aufenthaltsräume halten, anzuwenden ist (vgl dazu *Parapatits* in *Schwimann/Kodek,* ABGB-Praxiskommentar[4], § 970 b, Rz 3).

den Fall, dass ein Schaden entstanden ist – nicht aber ein Diebstahl erfolgte oder ein sonstiger Verlust – ist seitens des Einstellers die Anzeige spätestens innerhalb von 30 Tagen zu erstatten; die Anzeige bei der Polizei ist nicht ausreichend, auch der Reitstallbetrieb muss innerhalb dieser Frist Kenntnis vom Schaden erlangen.[68] Eine unverzügliche Information gegenüber dem Reitstallbetreiber wird gesetzlich dann nicht gefordert, wenn der Reitstallbetreiber die beschädigten Sachen selbst zur Aufbewahrung übernommen hat.

Merke:

Eine Haftung für Pferd und Ausrüstung des Einstellers besteht bei gewerbsmäßig tätigen Reitstallbetreibern.
Ein Reitstallbetreiber haftet – sofern er nicht das Gegenteil beweisen kann – für Schäden, die seinen Einstellern (am Pferd, eventuell auch am Reit- und Fahrzubehör) entstanden sind, sofern er nicht nachweisen kann, dass der Schaden nicht auf sein eigenes Verschulden, das Verschulden jener Personen, die für ihn tätig sind, oder durch fremde im Haus aus- und eingehende Personen verursacht wurde.
Eine wertmäßige Beschränkung der Haftung besteht nur für Kostbarkeiten, Geld und Wertpapiere.
Der Einsteller hat bei Verlust unverzüglich, bei Beschädigung spätestens innerhalb von 30 Tagen Anzeige gegenüber dem Reitstallbetreiber zu erstatten, andernfalls seine Ansprüche untergehen.

3.4.8.2. ... für Wege am Reitgelände

Für Wege und sonstige Bereiche am Reitgelände treffen den Reitstallbesitzer die sogenannten Verkehrssicherungspflichten. Es handelt sich dabei um ungeschriebene Verhaltensregeln, deren Inhalt nicht konkretisiert ist und vom Einzelfall abhängt. Es ist Inhalt dieser Pflicht, Gefahren von Menschen abzuwenden, die auf dem Grund und Boden des Reitstallbetreibers aufhältig sind und sich fortbewegen.

Was die konkrete Verkehrssicherungspflicht ist, wird von Fall zu Fall bestimmt. Es ist relevant, welche Maßnahmen zur Vermeidung einer Gefahr möglich und zumutbar sind oder welche besonderen Sicherungsmaßnahmen allenfalls getroffen werden müssen; dies betrifft zB Geländer bei Stiegen, ordnungsgemäße Beläge, die ein Rutschen oder Stürzen verhindern. Besondere Sicherungsvorkeh-

---

68 Vgl *Parapatits* in *Schwimann/Kodek*, ABGB-Praxiskommentar[4], § 970, Rz 2.

rungen sind zB auch dann geboten, wenn Kinder, die nicht die nötige Einsichtsfähigkeit haben, gefährdet werden könnten.

Der Reitstallbetreiber hat aber die Möglichkeit, gewisse Bereiche des Reitstalles abzusperren bzw das Betreten zu verbieten. Wird dieser Bereich dann dennoch betreten und kommt es zu einem Unfall, kann der Reitstallbetreiber – sofern er auch hinsichtlich der Verhinderung des Betretens dieses Geländes korrekt gehandelt hat – nicht zur Haftung herangezogen werden.

Merke:

Den Reitstallbetreiber trifft die Pflicht, Gefahren am Reitstallgelände abzuwenden. Das Versperren von Räumen oder die Verweigerung des Zutritts ist möglich. Anschläge mit dem Text „Benutzung auf eigene Gefahr" haben im Regelfall keine entlastende Wirkung.

Empfehlung zum Weiterlesen:

Kapitel 4.1: Unfall im Rahmen des Reitunterrichts
Kapitel 4.4: Unfall im Reitstall
Kapitel 4.5: Unfall des Pferdes in der Box / auf der Koppel
Kapitel 4.6: Diebstahl in der Sattelkammer
Kapitel 4.7: Diebstahl einer Kutsche

3.5. Welche Folgen kann ein Haftungsfall haben?

Nicht zu unterschätzen sind die Folgen, wenn ein Zwischenfall tatsächlich zu einem Haftungsfall wird.

Bei Verletzung einer Person ist relativ rasch mit einem Strafverfahren zu rechnen. Zumeist wird bereits im Krankenhaus Anzeige erstattet und werden seitens der Polizei Erhebungen eingeleitet. Diese leitet ihre Berichte an die Staatsanwaltschaft weiter. Die Staatsanwaltschaft entscheidet sodann, ob ein Strafverfahren eingeleitet wird oder nicht. Die Erhebungen können auch eingestellt werden. Am relevantesten in diesem Zusammenhang ist die fahrlässige Körperverletzung, die allenfalls erfüllt sein kann.

Das „Opfer", dh der oder die Geschädigte, kann sich im Rahmen eines Strafverfahrens beteiligen und als sogenannter Privatbeteiligter anschließen. Ein Privatbeteiligtenanschluss setzt voraus, dass dem Opfer ein Schaden entstanden ist. Dieser kann auch in Schmerzengeld bestehen. Ein solches kann daher im Rahmen eines Strafverfahrens zugesprochen werden. Ist die Sachlage jedoch komplex, werden sogenannte zivilrechtliche Ansprüche – dh Anspruch auf Schmerzengeld, Verdienstentgang, etc – auf den Zivilrechtsweg verwiesen. Das bedeutet, dass nach einem allfällig durchgeführten Strafverfahren ein Zivilverfahren zu führen ist, möchte der Geschädigte seine Ansprüche durchsetzen.

Unabhängig davon, ob ein Strafverfahren eingeleitet wurde oder nicht, hat das Opfer, bzw der oder die Geschädigte, jederzeit das Recht, ein Zivilverfahren einzuleiten und den Schädiger auf Ansprüche wie zB Schmerzengeld, aber auch andere Ansprüche, zu klagen.

Selbst wenn eine Haftpflichtversicherung – hoffentlich – für den Ernstfall abgeschlossen wurde, muss man sich einem Gerichtsverfahren stellen. Das bedeutet, dass insbesondere Zeit investiert werden muss für die Vorbereitung des Prozesses, die Aufbereitung der Sachlage und auch für die eigene Aussage. Sinnvollerweise nimmt man an den Gerichtsverhandlungen teil, wenngleich die Teilnahme für Parteien (anders als für Zeugen) eines Rechtsstreits nicht verpflichtend ist. Weiters werden im Zusammenhang mit Unfällen beim Umgang mit dem Pferd regelmäßig Sachverständigengutachten eingeholt. Diese gehen einher mit Befundaufnahmen an Ort und Stelle sowie allenfalls einer Untersuchung des Pferdes durch einen sachverständigen Tierarzt. Nachvollziehbarerweise benötigen auch die Gerichtsgutachten einige Wochen, bis sie erstellt werden. Anschließend besteht die Möglichkeit, weitere Fragen an den Sachverständigen zu stellen, wobei dies entweder zu schriftlichen Ergänzungsgutachten führt und/oder der Sachverständige in der mündlichen Streitverhandlung sein Gutachten erläutert und zusätzliche Fragen beantwortet.

Im Regelfall gibt es noch Zeugen, die entsprechend vor Gericht einvernommen werden.

Nicht zu vernachlässigen ist, dass im Zusammenhang mit dem Lebewesen Pferd zusätzliche Probleme und Fragen auftauchen, insbesondere aufgrund dessen, dass sich die Gesundheit des Pferdes mitunter verändern oder aber – bei schweren Unfällen – das Beweisobjekt Pferd verstorben sein kann. All dies führt zu Beweisproblemen, die zu Lasten desjenigen gehen, der einen gewissen Umstand zu seinem Vorteil vor Gericht beweisen möchte oder muss.

Zu guter Letzt ist für jenen Fall, für den vielleicht doch keine Versicherung bestehen sollte, zu berücksichtigen, dass ein Gerichtsprozess nicht zu vernachlässigende Prozesskosten verursacht. Insbesondere durch das regelmäßige Erfordernis von Sachverständigengutachten werden die Prozesskosten in die Höhe getrieben. In Österreich gilt das Obsiegensprinzip. Das bedeutet zudem, dass derjenige, der einen Prozess verliert, die Prozesskosten der Gegenseite vollends zu tragen hat – dadurch verdoppelt sich das eigene Prozesskostenrisiko. Dieses muss im Vorfeld geprüft und bei der Entscheidung über die weitere Vorgehensweise berücksichtigt werden.

Zumeist ist ein Prozess bei Haftungsfragen in zwei sachliche Teile zu trennen. Üblicherweise wird zunächst über den sogenannten Grund des Anspruchs verhandelt. Es wird die Frage geklärt, ob eine Haftung überhaupt vorliegt. Erst wenn diese Frage bejaht wird, wird seitens des Gerichtes über die Höhe des Anspruchs verhandelt. Das bedeutet, dass im zweiten Schritt – meist durch ein weiteres, nämlich dafür erforderliches medizinisches Sachverständigengutachten – die Höhe des Schmerzengeldes festgestellt wird. Kam keine Person zu Schaden sondern besteht nur Sachschaden, ist allenfalls auch noch ein zB technisches Sachverständigengutachten, zB für die Schäden an einem KfZ, erforderlich. Zusätzlich können dann noch weitere Zeugeneinvernahmen notwendig werden, damit weitere geltend gemachte Ansprüche nachgewiesen und belegt werden können.

All dies verlängert selbstverständlich die Verfahrensdauer entsprechend. Eine solche kann allenfalls auch zwei bis drei Jahre in Anspruch nehmen; bei raschen Prozessen ist mit rund einem Jahr Prozessdauer zu rechnen.

> **Merke:**
>
> Bei Verletzung einer Person wird üblicherweise ein Strafverfahren eingeleitet.
> Ansprüche wie zB Schmerzengeld können in einem Zivilgerichtsverfahren geltend gemacht werden. Bei derartigen Gerichtsprozessen besteht ein entsprechendes Prozesskostenrisiko, das im Vorfeld abzuklären ist. Auch die Verfahrensdauer darf nicht außer Acht gelassen werden.

3.6. Wofür hat man einzustehen?

Wenngleich Tiere als Sachen gelten[69] besteht eine Sondervorschrift, was die Heilungskosten betrifft:

> *„Wird ein Tier verletzt, so gebühren die tatsächlich aufgewendeten Kosten der Heilung oder der versuchten Heilung auch dann, wenn sie den Wert des Tieres übersteigen, soweit auch ein verständiger Tierhalter in der Lage des Geschädigten diese Kosten aufgewendet hätte."*

---

[69] Vgl § 285a ABGB.

Das bedeutet, dass insbesondere dort, wo ein Pferd ein anderes verletzt und allenfalls eine Haftung besteht, Heilungskosten auch dann zu ersetzen sind, wenn sie eben den Wert des Pferdes übersteigen, sofern ein „verständiger Tierhalter" in derselben Situation diese Kosten auch aufgewendet hätte. Damit wird der gefühlsmäßigen Beziehung zum Tier Rechnung getragen, indem auch ideeller Schaden ersetzt wird. Durch das Erfordernis des „verständigen Tierhaltes" soll der Ersatzanspruch in vernünftigen Grenzen gehalten werden.[70]

3.6.1. Sachschaden – Was ist zu ersetzen?

Generell wird unter einem Schaden jener Nachteil verstanden, der jemandem an Vermögen, Rechten oder an der Person zugefügt worden ist.[71] Es erfolgt daher eine Unterscheidung zwischen Schäden an Sachen einerseits und Schäden an Personen andererseits. Unter einem Sachschaden ist somit alles zu verstehen, was keinen Schaden an einer Person betrifft und direkt an einer Sache entsteht.

Beispiele für Sachschäden:
- kaputtes Fahrzeug nach einem Unfall
- zerstörtes Gemüsebeet infolge widerrechtlichem Zertrampeln
- Beschädigung von Textilien, Möbel, Gebäuden und Gegenständen jeder Art
- Verletzung eines Pferdes oder eines jedes anderen Tieres[72]

Daraus ergibt sich auch, was im Fall von Sachschäden grundsätzlich zu ersetzen ist:[73]
- Kosten für Reparaturen
- Rettungsaufwand für zB ein verletztes Pferd
- Geldersatz, falls eine Reparatur nicht möglich oder untunlich ist.

3.6.2. Personenschaden – Was ist zu ersetzen?

Erleidet eine Person eine Körperverletzung, so sind im Rahmen des Schadenersatzes jene Aufwendungen zu ersetzen, die durch

---

70 *Reischauer* in *Rummel*, ABGB³, § 1332a, Rz 2.
71 § 1293 Satz 1 ABGB.
72 Juristisch gesehen werden Tiere als Sachen qualifiziert. Verletzungen von Tieren oder deren Tod zählen daher zum Sachschaden und nicht zum Personenschaden.
73 *Harrer* in *Schwimann*, ABGB³, § 1293, Rz 43.

3.6. Wofür hat man einzustehen?

Vermehrung der Bedürfnisse des Verletzten entstanden sind. Es handelt sich dabei um unfallbedingte Mehraufwendungen. Derartige vermehrte Bedürfnisse sind damit die auf dem tatsächlichen Unfall beruhenden Aufwendungen, die jene Nachteile ausgleichen sollen, die durch eine dauernde Beeinträchtigung des körperlichen Wohlbefindens des Verletzten entstehen.[74]

Derartige Aufwendungen können zB sein:[75]
- Taxi-Kosten
- Kosten für eine Perücke
- erhöhte Verpflegungskosten
- Kosten einer Pflegeperson/Haushaltshilfe
- Kosten für eine Prothese
- Anschaffung eines Rollstuhls
- Anschaffungen für ein Fahrzeug, falls der Verletzte andernfalls keine Bewegungsfreiheit hätte

Weiters sind Heilungskosten zu ersetzen, worunter jeder Aufwand zu verstehen ist, der zweckmäßig zur Heilung notwendig ist, dazu zählen insbesondere folgende:[76]
- ärztliche Behandlungen
- Medikamente
- Physiotherapie
- Psychologische Behandlung
- Rehabilitationen/Kuraufenthalte
- Kosten für kosmetische Operationen, sofern zweckmäßig
- Kosten für eine Akupunktur, sofern zweckmäßig
- Reisekosten zur Untersuchung
- Transportkosten zu Krankenhäusern/Ärzten
- allenfalls auch die Kosten privater medizinischer Behandlungen
- Kosten für Krankenhausbesuche von sorge- und beistandspflichtigen nahen Verwandten, sofern angemessen und zweckmäßig für die Heilung
- Telefonspesen in Folge des Krankenhausaufenthalts für die Kontaktaufnahme zu nahen Verwandten
- mit den unmittelbaren Besucherkosten notwendig verbundene andere Kosten, zB die Kosten für einen Babysitter des Besuchers

Verletzten Personen ist zusätzlich deren Verdienstentgang zu ersetzen. Darunter ist jener Schaden im Vermögen zu verstehen, den der Verletzte erleidet, weil er aufgrund seiner Verletzung seine

---

74 *Reischauer* in *Rummel,* ABGB³, § 1325, Rz 12.
75 AaO.
76 *Reischauer* in *Rummel,* ABGB³, § 1325, Rz 14 ff.

Berufstätigkeit nicht ausüben kann. Ersetzt wird das, was der Geschädigte verdient hätte, wenn er wie gewohnt seiner Arbeit hätte nachgehen können. Nicht ersetzbar sind jedoch zukünftige Verdienste.[77]

Weiters zu berücksichtigen ist, dass verletzte Personen Anspruch auf Schmerzengeld haben. Das Schmerzengeld ist abhängig von den erlittenen Verletzungen und den daraus resultierenden Schmerzperioden. Diese werden üblicherweise, bei Nichteinigung, in einem Gerichtsverfahren von einem Sachverständigen festgestellt. Aufbauend auf diese Schmerzperioden ergibt sich dann die Höhe des zustehenden Schmerzengeldes, wobei dieses wenige hundert Euro bis zu vielen Tausend Euro, zB für diverse Knochenbrüche, betragen kann.

Merke:

Abhängig davon, ob die entsprechenden Voraussetzungen vorliegen, könnten folgende Schäden zu ersetzen sein:

- Sachschäden (Reparaturkosten; Geldersatz; Rettungsaufwand)
- Heilungskosten für eine verletzte Person (Medikamente, Physiotherapie, Reisekosten, etc)
- Verdienstentgang der verletzten Person
- Schmerzengeld der verletzten Person

3.7. Möglichkeiten der Haftungsminimierung

Vorsicht statt Nachsicht

Die einfachste Regelung zur Minimierung der Haftung ist, sich im Vorfeld Gedanken darüber zu machen, wo Haftungen entstehen können und diese, wo dies möglich ist, auszuschalten. Dies beginnt bei der Kenntnis, welcher Sorgfaltsmaßstab angelegt wird und was von einem erwartet wird. Die entsprechende Aufklärung zB des Reitschülers sowie Achtung auf die richtige Ausrüstung des Pferdes aber auch die adäquate Ausrüstung des Reiters und ähnliches zählen hierzu genauso wie die Auseinandersetzung mit der Frage, ob ein Schulpferd geeignet ist und für welchen Schüler.

---

77 *Reischauer* in *Rummel*, ABGB³, § 1325 ABGB, Rz 21 ff.

3.7. Möglichkeiten der Haftungsminimierung

Konsequente Einhaltung der erforderlichen Sorgfalt

Insbesondere aufgrund der Erfordernis, grundsätzlich in jedem Moment sorgfältig in Anwesenheit eines Pferdes zu agieren sei darauf hingewiesen, dass auch erfahrenen Pferdekennern nach 30 oder 40 Jahren Arbeit mit dem Pferd Fehler unterlaufen können, die zu tragischen Unfällen führen können. Etwas derartiges lässt sich vielleicht nie ganz vermeiden; das Bewusstsein dieser Gefahr sollte jedoch sämtliche Berufsgruppen, die regelmäßig mit Pferden zu tun haben sowie alle sonstigen Personen, die sich diesem tollen Sport widmen, dazu antreiben, den täglichen, sorgfältigen Umgang mit dem Pferd zur Gewohnheit werden zu lassen.

Abschluss von Versicherungen

Es gibt die diversesten Versicherungsprodukte, mit denen man sich auseinander setzen sollte. Der Abschluss einer Versicherung bedeutet nicht, dass sämtliche Risiken, die sich im täglichen Leben stellen, auch tatsächlich mit abgedeckt sind. Darauf sollte im Speziellen geachtet werden und ein sinnvolles Versicherungspaket, allenfalls mit Hilfe eines entsprechend versierten Beraters, abgeschlossen werden. Auf dem Markt gibt es die diversesten Versicherungsprodukte, zB:

- Reitlehrerhaftpflichtversicherung
- Tierhalterhaftpflichtversicherung
- Haftpflichtversicherungen für Reitställe und Zuchtbetriebe
- Transportversicherungen
- Krankenkostenversicherung für das Pferd
- Ablebensversicherung für das Pferd
- etc

Vertragliche Haftungsausschlüsse

Zu guter Letzt sollten insbesondere sämtliche Berufsgruppen im Umgang mit dem Pferd die Überlegung anstellen, ob diverse vertragliche Vereinbarungen und Haftungsausschlüsse sinnvoll sind. Durch Haftungsausschlüsse ist es nicht möglich, sämtliche Haftungen auszuschließen; dies scheitert zumeist am Konsumentenschutzgesetz und der Grenze zur Sittenwidrigkeit. Es besteht aber sehr wohl die Möglichkeit, Haftungen zu minimieren, sei es betragsmäßig oder durch Ausschluss von leichtem Verschulden. Im Rahmen von Haftungsausschlüssen können auch entsprechende Aufklärungen gegenüber dem Vertragspartner schriftlich festgehalten und somit der Nachweis erbracht werden, dass die erforderliche Aufklärung erfolgt ist.

In diesem Zusammenhang empfiehlt sich eine rechtliche Beratung.

3. Grundlegendes zum Thema Haftung im Umgang mit dem Pferd

Merke:

Eine Haftung kann insbesondere durch folgende Maßnahmen verhindert bzw die Folgen für den Haftenden selbst begrenzt werden:
- Bewusstes Handeln zu jeder Zeit
- Konsequente Einhaltung der erforderlichen Sorgfalt
- Abschluss von insbesondere Haftpflichtversicherungen
- Vereinbarung von Haftungsausschlüssen in schriftlichen Verträgen (insbesondere für Reitstallbetreiber, Reitschulbetreiber, Reitlehrer, uä)

4. Konkrete Haftungsfallen im täglichen Umgang mit dem Pferd

Nachstehend werden ausgewählte Haftungsfallen im täglichen Umgang mit dem Pferd dargestellt, dies jeweils unter Verweis auf Kapitel 3, in welchem die Grundsätze des Haftungsrechts aufgezeigt wurden. Die Realität zeigt, dass im Vorhinein nie alles erahnt werden kann, weshalb in der Praxis auch nicht genannte Haftungsfallen entstehen oder Personengruppen haften können, die in den nachstehenden Kapiteln nicht genannt sind.

Die Darstellung der einzelnen Haftungsfallen ist zur Sensibilisierung des Lesers gedacht, kann sich aber naturgemäß nicht als vollständige Aufzählung sämtlicher Haftungsvarianten verstehen.

4.1. Unfall im Rahmen des Reitunterrichts

Bei Unfällen im Rahmen des Reitunterrichts kommen als Personen, die für allfällige Verletzungen oder Schäden haften könnten, insbesondere folgende in Betracht:
- Reitlehrer
- Reitschulbetrieb
- Gelegenheitsreitlehrer
- Reitstallbetrieb

Dieses Kapitel befasst sich hauptsächlich mit den vier oben genannten Berufsgruppen. Es kommen selbstverständlich auch jegliche sonstige Personen in Betracht, etwa ein Pferdebesitzer oder Mitreiter, wenn er ein ihm vorwerfbares Verhalten setzt. Auch Eltern können für ihre Kinder haften, wenn sie ihre Obsorgepflicht verletzen. Grundsätzlich kann jeder, der eine Gefahrenquelle schafft, auch allgemein – und immer – bei Unfällen zur Haftung herangezogen werden. Das kann etwa auch ein Besitzer freilaufender, laut bellender und aggressiver Hunde sein, die eine unüblich laute Geräuschentwicklung verursachen und ein Pferd zum Scheuen bringen.

Insbesondere hinsichtlich Reitlehrer, Reitschulbetrieb und Gelegenheitsreitlehrer ist auf Folgendes zu verweisen:
- Aufklärungspflichten (siehe Kapitel 3.4.1)
- Einhaltung des erhöhten Sorgfaltsmaßstabes (siehe Kapitel 3.4.2)

Im Zusammenhang mit der Aufklärungspflicht ergibt sich zB auch die Frage der korrekten Ausrüstung. Der Reitlehrer, Reitschulbetrieb aber auch der Gelegenheitsreitlehrer hat im Rahmen seiner Aufklärungsplicht sowie zur korrekten Einhaltung des an ihn gelegten Sorgfaltsmaßstabes für eine korrekte Ausrüstung des Reitschülers Sorge zu tragen. In welcher Art und Weise dies erfolgt, hängt vom Ausbildungsstand, Zweck der Übungsstunde, Alter des Reitschülers, Können des Reitschülers und den sonstigen Umständen (Witterung, Umgebung, etc) ab.

Es finden sich keine gesetzlichen Vorschriften über die Pflicht, Reitkappen oder Rückenprotektoren zu tragen. Eine Sinnhaftigkeit – Reitkappe[78] im Rahmen des Reitunterrichtes; Rückenprotektoren bei Kindern bzw im Springunterricht – sowie die Notwendigkeit ist im konkreten Fall vom Reitlehrer zu beurteilen und auf deren Verwendung hinzuweisen bzw hinzuwirken.

Fälle aus der Praxis:

Unfall in der ersten Longestunde – LG St. Pölten 28.2.2002, 36 R 64/02 h

Sachverhalt:
Die klagende Reitschülerin kam zum beklagten Reitlehrer und absolvierte ihre erste Longestunde in der Dauer von 30 Minuten. Sie war zuvor noch nie geritten und verfügte über kein Wissen bezüglich des Reitens. Während der Longestunde rutschte sie seitlich vom Pferd herunter, kam zu Sturz und brach sich den rechten Unterschenkel.

Entscheidung:
Das Verhalten des Beklagten in Bezug auf Rechtswidrigkeit und Verschulden ist daran zu messen, ob er die im Reitsport üblichen Verhaltensregeln für Longestunden mit Anfängern eingehalten hat oder nicht. Diese sind der Maßstab, der an das Verhalten des Beklagten anzulegen ist; durch sie werden die mit der Sportausübung verbundenen Gefahren begrenzt.
Eine Endentscheidung ist durch den OGH nicht erfolgt; der Fall wurde an das Erstgericht zur ergänzenden Beweisaufnahme zurückverwiesen.

Für den Reitstallbetrieb als solches ist noch von Wichtigkeit, dass geeignete Schulpferde zum Einsatz kommen. Als Ausfluss der typischen Tiergefahr ist ein Reitpferd nicht schon als Schul-

---

78 Zur Ausrüstung mit einer Reitkappe findet sich in der österreichischen Turnierordnung (ÖTO) eine Regelung. Diese betrifft lediglich das Verwenden eines Reithelms am gesamten Turniergelände (§ 57 ÖTO) sowie zB im Rahmen von Materialprüfungen (§ 102 ÖTO). Bemüht man die Straßenverkehrsordnung, so ist darin im Rahmen der Bestimmungen zum Reiten im Straßenverkehr über die Ausrüstung keine Regelung aufzufinden. Selbst eine Fahrradhelmpflicht findet sich in der StVO lediglich für Kinder unter 12 Jahren, die „einen Sturzhelm in bestimmungsgemäßer Weise gebrauchen müssen" (§ 68 Abs 6 StVO).

4.1. Unfall im Rahmen des Reitunterrichts

pferd ungeeignet, nur weil es einmal eine für Pferde typische Reaktion des Scheuens zeigt:

„Daraus, dass ein Pferd mit Reiter aufgrund einer heftigen Rechtsbewegung und der damit verbundenen plötzlichen Schwerpunktverlagerung zu Boden geht, ist noch nicht abzuleiten, dass es für den Reitunterricht grundsätzlich nicht geeignet ist. Das nicht immer kalkulierbare Verhalten eines Pferdes, das zu Stürzen des Reiters führen kann, stellt ein typisches Risiko des Reitsports dar, das nicht unter allen Umständen ausgeschlossen werden kann. [Die Klägerin] hätte Umstände beweisen müssen, aus denen sich ergeben kann, dass das Pferd auffällig geworden war, also objektive Hinweise bestanden, dass das Pferd nicht als Schulpferd geeignet ist."[79]

Der Geschädigte, dh der Reitschüler, muss zunächst auch nachweisen, dass die Reitschule objektiv ihre Pflicht nicht erfüllt hat und ein ungeeignetes Pferd dort eingesetzt wurde.

Ein Schulpferd darf scheuen – OGH 7 Ob 94/12t

Sachverhalt:
Die klagende Reitschülerin vollführte das Manöver „Rollback" im Rahmen des Reitunterrichts. Bei gewünschtem Angalopieren aus diesem Manöver heraus vollführte das Pferd eine sehr plötzliche und rasche Ausreißbewegung nach rechts. Fast im selben Augenblick stürzte die Klägerin mit dem Pferd zu Boden.

Entscheidung:
Es konnte im Rahmen des Gerichtsverfahrens nicht festgestellt werden, ob das Pferd Eigenheiten aufweist, die im Zuge des Reitunterrichts zu gefährlichen Situationen führen können und letztlich das Pferd zum Einsatz als Schulpferd ungeeignet machen.
Das Gericht betonte, dass es immer wieder vorkommt, dass Pferde auch von erfahrenen Reitern nicht unverzüglich unter Kontrolle gebracht werden können, sodass gefährliche Berührungen zwischen Reitern und Pferden grundsätzlich zum Wesen des Reitsports gehören. Der Reiter hat die mit dem Reitsport verbundenen typischen Gefahren selbst zu tragen. Pferde sind keine Maschinen, sondern Lebewesen mit eigenem Willen, darüber hinaus Fluchttiere und grundsätzlich schreckhaft.
Das nicht immer kalkulierbare Verhalten eines Pferdes, das zu Stürzen des Reiters führen kann, stellt ein typisches Risiko des Reitsports dar, das nicht unter allen Umständen ausgeschlossen werden kann.
Dass nicht festgestellt werden konnte, dass das Pferd als solches für den Einsatz als Schulpferd ungeeignet war, geht daher richtigerweise zu Lasten der klagenden Reitschülerin. Eine Haftung des Reitschulbetriebes wurde daher nicht angenommen.

---

79 OGH 14.7.2012, 7 Ob 94/12 t.

4. Konkrete Haftungsfallen im täglichen Umgang mit dem Pferd

Genauso wie sämtliche andere Personen, die sich am Reitstallgelände oder nahe des Reitstallbetriebes aufhalten, kann auch der Reitstallbetreiber zur Verantwortung gezogen werden. Wer Lärm in der Nähe des Reitunterrichts nicht unterbindet, kann allenfalls haften.

Lärmentwicklung bei Zuschlagen des Reithallentores – OGH 27.1.2010, 7 Ob 219/09w

Sachverhalt:
Der Beklagte betrieb einen Reitstall. Das Außentor zur Reithalle war unversperrt. Beim Öffnen und Zuschlagen dieses Tores kam es zu einer Lärmentwicklung, die dazu führte, dass die klagende Reitschülerin während des Reitunterrichts verunfallte.

Entscheidung:
Das Nichtversperren des Außentors der Halle wurde seitens des Beklagten unterlassen. Es konnte festgestellt werden, dass diese Lärmentwicklung zum Scheuen des Pferdes führte, welches die Klägerin ritt und wodurch sich dann der Sturz und die Verletzung der Klägerin ereigneten. Dabei handelte es sich um einen Sorgfaltsverstoß des Reitstallbetreibers und kam es zu einer schadenersatzrechtlichen Haftung des Reitstallbetreibers.[80]

Empfehlung / Beschränkung der Haftung

Insbesondere die Berufsgruppen Reitlehrer, Reitstallbetreiber und Reitschulbetrieb aber auch der Gefälligkeitsreitlehrer sollten sich an Folgendes halten:

- konsequente Einhaltung der erforderlichen Sorgfalt in jedem einzelnen Fall
- Aufklärung, insbesondere über Ausrüstung oder besondere Eigenschaften des Pferdes
- Abschluss von geeigneten Versicherungen, die das Risiko entsprechend abdecken
- allfällige vertragliche Haftungsausschlüsse

Jeglicher Reitlehrer oder Reitschulbetrieb aber auch der Reitstallbetreiber – letzterer zumindest in Hinblick auf seine Einsteller – haben die Möglichkeit, mit ihren Kunden Verträge abzuschließen. Insbesondere im Rahmen von Reitunterricht, vor allem bei Involvierung von Kindern, empfiehlt sich eine schriftliche Aufklärung in einer Vereinbarung über die angebotenen Reitstunden. Dies muss kein langes Vertragswerk sein, es kann sich auch um wenige Zeilen handeln, die aber im Nachhinein den Beweis der erbrachten

---

[80] Das Ausmaß der schadenersatzrechtlichen Haftung ist der OGH-Entscheidung nicht zu entnehmen, da nur eine Teilfrage durch den OGH in seiner Entscheidung auszuführen war.

Aufklärungspflicht erleichtern und allenfalls den einen oder anderen Haftungsausschluss ermöglichen.

Zu beachten ist jedoch, dass ein Haftungsausschluss für Verletzungen an der Person grundsätzlich nicht zur Gänze ausschließbar sind. Es empfiehlt sich hier die Beratung im Einzelfall für die jeweilige Berufsgruppe, damit eine für den Einzelfall sinnvolle Vorgehensweise gewählt werden kann.

Merke:

Für Unfälle im Rahmen des Reitunterrichts werden, sofern sich nicht die typische Tiergefahr verwirklicht hat, insbesondere Reitlehrer, Reitschulbetrieb, Gelegenheitsreitlehrer und Reitstallbetrieb als Haftendende in Frage kommen.
Reitlehrer und Reitschulbetrieb treffen erhöhte Sorgfaltspflichten und Aufklärungspflichten, insbesondere für allfällige Eigenarten eines Pferdes sowie auch für die Ausrüstung.
Für „störende Faktoren", wie zB vermeidbare Lärmentwicklung, kann allenfalls der Reitstallbetreiber verantwortlich gemacht werden.
Es empfiehlt sich eine schriftliche Aufklärung sowie Vereinbarung mit allfälligen Haftungsausschlüssen.

Empfehlung zum Weiterlesen:

Kapitel 3.3: Wer könnte haften? – Reitlehrer, Gelegenheitsreitlehrer, Gefälligkeitsreitlehrer, Reitschulbetrieb, Reitstallbetreiber.
Kapitel 3.4.1: Verletzung der Aufklärungspflicht
Kapitel 3.4.2: Sorgfaltsmaßstab
Kapitel 3.4.4: Gemeinschaftssport Reiten
Kapitel 3.4.6: Typische Tiergefahr
Kapitel 4.2: Unfall bei Ausritt (Entscheidung: Ausritt mit unerfahrenem Reitschüler)

4.2. Unfall bei Ausritt mit dem eigenen / überlassenen Pferd

Als mögliche haftende Personen kommen in diesem Zusammenhang der Pferdebesitzer, der Mitreiter bzw Entleiher eines Pferdes in Betracht. Die zweite möglicherweise haftende Gruppe sind jene Personen, die die Sorgfalt im Umfeld der ausreitenden Personen nicht beachten; das kann allenfalls ein Wegehalter sein, wenn aufgrund eines nicht gepflegten Weges ein Unfall passiert. Es kann sich um Autofahrer handeln, die den notwendigen Sicherheitsabstand zu einem Pferd im Straßenverkehr nicht einhalten oder um Hundebesitzer.

Als Pferdebesitzer, Mitreiter oder Entleiher des Pferdes unterliegt man in jedem Fall dem allgemeinen Sorgfaltsmaßstab und nur im Einzelfall dem erhöhten Sorgfaltsmaßstab.[81] Aufgrund dieses Sorgfaltsmaßstabs heraus ist es wichtig, auf adäquate Ausrüstung zu achten und zudem den Ausritt in Gegenden und auf Wegen zu unternehmen, die für die Reitergruppe als solches, für den Reiter selbst aber auch für das eigene oder überlassene Pferd geeignet sind.

Ein Sorgfaltsverstoß kann etwa darin liegen, dass mit einem bekannt schreckhaften Pferd eine Strecke gewählt wird, die in der Nähe einer Zugstrecke oder Autobahn verläuft, daraus kann sich bereits eine Sorgfaltswidrigkeit und damit bei Gefährdung des nicht eigenen Pferdes oder anderer Personen oder Sachen eine Haftung ergeben.

Sofern es zu einer Verletzung des Pferdes kommt, das geritten wird, ist zu unterscheiden. Ist keine Fremdeinwirkung oder eine Sorgfaltswidrigkeit eines Dritten gegeben, so haftet allenfalls der Reiter selbst. Reitet er sein eigenes Pferd, gibt es niemanden, der für seinen Schaden haftet außer er selbst. Reitet er ein überlassenes Pferd, kann er allenfalls dem Pferdebesitzer gegenüber schadenersatzpflichtig werden, wenn er seine Sorgfalt im Zuge des Ausrittes verletzt hat.

Ausritt mit unerfahrenem Reitschüler – OGH 22.2.2007, 2 Ob 129/05 t

Sachverhalt:
Die elfjährige Reitschülerin war bei einem Ausritt mit ihrem Reitlehrer auf einer Straße unterwegs. Von hinten näherte sich ein Motorrad. An diesem Motorrad kam es zu einer Fehlzündung, die einen lauten Knall, der einem Schussknall entspricht, auslöste. Das von der elfjährigen Reitschülerin gerittene Pferd brach deshalb zur Fahrbahnmitte aus, wodurch es in der Folge zur Kollision des Pferdes mit einem Motorrad, zum Sturz des Pferdes und zu schweren Verletzungen der Reitschülerin kam.

Entscheidung:
Der beklagte Reitlehrer wäre verpflichtet gewesen, die Reitausbildung einschließlich der Reitausflüge dem jeweiligen Ausbildungsstand entsprechend durchzuführen. Ausritte ins freie Gelände, insbesondere auch an Straßen, sind zu unterlassen, solange – wie auch im gegenständlichen Fall – nicht eine sichere Beherrschung des Pferdes gewährleistet ist. Diese Pflicht hatte der Reitlehrer nach Auffassung der Gerichte im gegenständlichen Fall verletzt.
Weiter wurde aber auch ausgeführt, dass durch das Erstgericht noch

---

81 Vgl Kapitel 3.4.2.

4.2. Unfall bei Ausritt mit dem eigenen / überlassenen Pferd

festzustellen ist, ob der Unfall bei erlaubtem Ausreiten mit erfahrenen Reitern hätte vermieden werden können oder nicht. Wenn eine Vermeidung nicht möglich gewesen wäre, haftet auch der Reitlehrer (mangels Rechtswidrigkeitszusammenhanges bzw nach der Lehre vom rechtmäßigen Alternativverhalten)[82] ebenfalls nicht. Eine abschließende Entscheidung konnte vom OGH mangels fehlender Sachverhaltsfeststellung durch das Erstgericht nicht getroffen werden. Eine Veröffentlichung der erstinstanzlichen Entscheidung liegt nicht vor.

Ausritt mit Folgen – OGH 27.3.2003, 2 Ob 40/03a

Sachverhalt:
Die Beklagte war mit ihrem Pferd, das sich seit zwei Jahren in ihrem Besitz befand, im Straßenverkehr unterwegs. Sie besaß die Reiterlizenz und bewegte sich am linken Fahrbahnrand mit ihrem Pferd auf dem Gehsteig fort. Sie passierte ein Grundstück, auf dem zwei Hunde in einem Hundezwinger gehalten wurden, die lautstark zu bellen begannen. Aufgrund dessen scheute das Pferd der Beklagten und sprang vom Gehsteig nach rechts auf die Fahrbahn unmittelbar vor dem aus der Gegenrichtung mit einer Geschwindigkeit von 40 bis 50 km/h herannahenden PKW der Klägerin. Die Klägerin verriss ihr Fahrzeug nach links und bremste voll ab, konnte jedoch einen Zusammenstoß mit dem Tier nicht vermeiden.
Es konnte nicht festgestellt werden, dass die Klägerin verspätet reagiert hätte. Es konnte weiters auch nicht festgestellt werden, dass die beklagte Reiterin, die durch das Scheuen des Pferdes von diesem geschleudert wurde, das Scheuen des Pferdes sowie dessen plötzliche Bewegung nach rechts auf die Fahrbahn durch irgendwelche Maßnahmen hätte verhindern können.

Entscheidung:
Die Beklagte ist als Besitzerin zweifellos Tierhalterin. Als Tierhalter hat man für den vom Tier herbeigeführten Schaden nur dann nicht einzustehen, wenn dem Tierhalter der Beweis gelingt, dass er für die erforderliche Verwahrung und Beaufsichtigung des Tieres gesorgt hat. Die Beurteilung hat nach objektiven Kriterien und nach den Umständen des Einzelfalles zu erfolgen.
„Dabei spielt die Gefährlichkeit des Tieres, die Möglichkeit der Schädigung durch das spezifische Tierverhalten und die Abwägung der beiderseitigen Interessen eine Rolle. Es sind nicht nur das bisherige Verhalten des Tieres, sondern auch die Möglichkeit und Wahrscheinlichkeit einer Schadenszufügung zu prüfen. Da im vorliegenden Fall ein Reitfehler der Beklagten nicht ausgeschlossen werden konnte, wurde der Beweis, für die erforderliche Beaufsichtigung des Tieres gesorgt zu haben, nicht erbracht."
Das Gericht wog letztlich die Tierhalterhaftung gegen die Betriebsgefahr des Kraftfahrzeuges der Klägerin ab und entschied sich im konkreten Fall für eine Verschuldensteilung von 2:1 zu Lasten der Beklagten.

---

82 Vgl Kapitel 3.2.6.

4. Konkrete Haftungsfallen im täglichen Umgang mit dem Pferd

Merke:

Haftungsadressaten sind Pferdebesitzer, Mitreiter bzw Entlehner des Pferdes und alle sonstigen Personen, die die Sorgfalt im Umfeld der ausreitenden Personen außer Acht gelassen haben.
Es ist auf adäquate Ausrüstung und das Bereiten geeigneter Wege zu achten; deren Auswahl hängt auch von den beteiligten Personen und Pferden ab.
Die Haftung kann sich hier auch aus der Tierhalterhaftung ergeben, wenn im Rahmen des Ausrittes nicht für die erforderliche Beaufsichtigung des Pferdes gesorgt wurde.

Empfehlung zum Weiterlesen:

Kapitel 3.3: Wer könnte haften? – Reitlehrer, Gelegenheitsreitlehrer, Gefälligkeitsreitlehrer, Reitschulbetrieb, Reitstallbetreiber
Kapitel 3.3.6: Pferdebesitzer / Vermieter eines Pferdes
Kapitel 3.3.7: Mieter eines Pferdes / Mitreiter
Kapitel 3.4.3: Gemeinsamer Ausritt
Kapitel 3.4.4: Gemeinschaftssport Reiten
Kapitel 3.4.5: Überreden eines Schwächeren zum Mitreiten
Kapitel 3.4.6: Typische Tiergefahr
Kapitel 3.4.7: Tierhalterhaftung
Kapitel 7: Ausritt auf Privatgrund / in den Wald
Kapitel 8: Pferdesport im Straßenverkehr

4.3. Unfall bei Beritt des Pferdes

Die betroffene Berufsgruppe sind hier hauptsächlich die Reitlehrer und Trainer gleich welcher Ausbildung. Auch wenn der Beritt nur aus Gefälligkeit erfolgt, kann eine Haftung entstehen.

Der Beritt wird üblicherweise durch Personen durchgeführt, die über entsprechende Erfahrung verfügen, wobei das Vorliegen einer tatsächlichen Ausbildung nicht erforderlich ist.[83]

Für derartige Personen gilt in jedem Fall der erhöhte Sorgfaltsmaßstab und damit wird im Falle eines Unfalls die Frage gestellt, wie sich der „maßgerechte Fachmann" in der konkreten Situation verhalten hätte.[84]

Mögliche Unfallursachen können hier falsche Ausrüstung oder Überschätzung des Pferdes sein, allenfalls auch unglückliche Umstände mit Anfängern in der Reithalle. Hier ist bei schreckhaften oder auszubildenden Pferden besondere Vorsicht geboten. Es wird

---

83 Siehe Kapitel 3.3.1.
84 Vgl Kapitel 3.4.2.

vom Bereiter verlangt, dass er die Situation richtig einschätzt, ob er unter gewissen Umständen überhaupt mit dem von ihm berittenen Pferd eine Reithalle benutzen darf.

Es kommt zu einer Einzelfallbeurteilung, wobei ein Gericht im Nachhinein die Frage stellt, ob ein Fachmann in derselben Situation dieselbe Entscheidung getroffen hätte. Wenn dem nicht so ist und ein Sorgfaltsverstoß festgestellt wird, kommt es schließlich zur Haftung gegenüber demjenigen, der einen Schaden erlitten hat. Dies mag der Besitzer des Pferdes sein, sofern das Pferd eine Verletzung erlitt, eine sonstige Person, die durch das Pferd selbst verletzt wurde oder der Besitzer einer sonstigen Sache, die im Zuge eines Unfalls beschädigt wurde.

Zu beachten ist, dass die Ersatzpflichten relativ hoch und umfassend sein können.[85]

Empfehlung / Einschränkung der Haftung

Diese erforderliche Sorgfalt muss in jedem einzelnen Fall eingehalten werden. Da der erhöhte Sorgfaltsmaßstab anwendbar ist, darf sich ein Bereiter auch nicht mit einer nicht hunderprozentig akzeptablen Situation zufrieden geben und darauf vertrauen, dass kein Unfall passieren wird.

Gerade für Bereiter, die üblicherweise längerfristig für ihre Kunden tätig werden, empfiehlt sich der schriftliche Abschluss eines Vertrages, in dem die gegenseitigen Aufklärungspflichten festgehalten werden und für den Bereiter mögliche Haftungsausschlüsse aufgenommen werden. Die Einholung einer Beratung im Einzelfall ist empfehlenswert.

Merke:

Der Bereiter unterliegt üblicherweise dem erhöhten Sorgfaltsmaßstab, auch wenn er über keine Ausbildung verfügt.
Die vertragliche Ausgestaltung der Rechtsbeziehung zum Kunden ist empfehlenswert; darin können allenfalls auch Haftungsbeschränkungen vereinbart werden.

Empfehlung zum Weiterlesen:

Kapitel 3.3.1: Wer könnte haften? – Bereiter
Kapitel 3.4.2: Sorgfaltsmaßstab
Kapitel 3.4.6: Typische Tiergefahr
Kapitel 3.4.7: Tierhalterhaftung

---

85   Vgl Kapitel 3.6.

4.4. Unfall im Reitstall

Als Reitstallbetreiber unterliegt man Verkehrssicherungspflichten und müssen daher Gefahren am Reitstallgelände abgewendet werden.[86] Dabei handelt es sich um eine allgemeine Pflicht, die jeder zu erfüllen hat, der „einen Weg eröffnet", dh einen Bereich für andere Personen zugänglich macht.

Das betrifft sowohl Reiter als auch Pferd. Ein Unfall muss sich auch nicht notwendigerweise im Zusammenhang mit einem Pferd ereignen.

Pflege des Reitareals – OGH 29.5.2001 1 Ob 116/01t

Sachverhalt:
Die Klägerin ritt am Gelände des Beklagten, der einen Reitbetrieb führte, mit einem Pferd, das nicht ihr eigenes war. Aufgrund der Wettersituation wies das Viereck, auf dem die Klägerin ritt, tiefe Bodenunebenheiten und Rillen auf. Die erforderliche Pflege des Bodens wurde von der Beklagten an diesem Tag unterlassen. Nach Beendigung des Ritts stieg die Klägerin vom Pferd und verknöchelte schließlich bei einer Vertiefung. Sie erlitt einen Riss des Kreuzbandes und einen Einriss des Miniskus.

Entscheidung:
Die Klägerin konnte den Beweis erbringen, dass der Unfall mit sehr hoher Wahrscheinlichkeit unterblieben wäre, hätte die Beklagte das Reitareal ordnungsgemäß gepflegt und das Auftreten tiefer Unebenheiten verhindert. Die Beklagte konnte den ihr obliegenden Erschütterungsbeweis demgegenüber nicht erbringen.
Das Verschulden wurde in dem konkreten Fall im Verhältnis 2:1 zu Lasten der Klägerin aufgeteilt, da die Klägerin verpflichtet gewesen wäre, entweder das Reiten an diesem Tag überhaupt zu unterlassen oder äußerste Vorsicht walten zu lassen.
Begehrt wurden seitens der Klägerin Schmerzengeld, Entschädigung für eine Haushaltshilfe sowie weitere Spesen, die aufgelaufen seien.

Merke:

Der Reitstallbetreiber haftet dafür, dass keine Gefahrenquellen – für Pferd und/oder Mensch – am Reitstallgelände bestehen.

Empfehlung zum Weiterlesen:

Kapitel 3.3.5: Wer könnte haften? – Reitstallbetreiber
Kapitel 3.4.2: Sorgfaltsmaßstab
Kapitel 3.4.8: Haftungen des Reitstallbetreibers
Kapitel 4.5: Unfall des Pferdes in der Box / auf der Koppel
Kapitel 4.6: Diebstahl in der Sattelkammer
Kapitel 4.7: Diebstahl einer Kutsche

---

86 Vgl Kapitel 3.4.8.2.

4.5. Unfall des Pferdes in der Box / auf der Koppel

Unfälle können sich in der Box oder auf der Koppel ereignen. Pferde können sich verletzen. Mögliche Personen, die dafür einzustehen haben, sind folgende:

- Reitstallbetreiber
- Verkäufer, der das verkaufte Pferd noch einige Zeit bei sich eingestellt hat
- jegliche Person, die die Obsorge eines Pferdes übernimmt, um dieses zB auszubilden
- sonstige Personen in ähnlichen Situationen

Aufgrund dieser Übernahme von Sorgfaltspflichten kann es zur Tierhaltereigenschaft des Reitstallbetreibers und sonstiger Berufsgruppen kommen.[87]

Bei kurzfristigen Vermietungen wird keine Tierhalterhaftung begründet, es kann sich aber um eine Aufsichtsperson handeln, die vom Tierhalter bestellt wird und diesem gegenüber dann einzustehen hat, wenn sie die Verwahrung des Tieres vernachlässigt hat.[88]

Eine Haftung kann sich allenfalls aus folgenden Umständen ergeben:

- Pflege, Obsorge, Verwahrung
- Fütterung
- Koppelgang
- Einzäunung
- Verletzung durch das Pferd und anschließende Versäumnisse (zB nicht rechtzeitiges Verständigen des Tierarztes uä)

Verletzung beim Tierverwahrer – OGH 7.7.2008, 6 OB 72/08v

Sachverhalt:
Die Klägerin war Eigentümerin eines Warmblut-Wallachs. Der Beklagte war staatlich geprüfter Fahrinstruktor und Fahrlehrer. Er übernimmt gegen Entgelt Pferde unter anderem zu dem Zweck, sie als Fahrpferde auszubilden, so auch das Pferd der Klägerin.
Eines Tages stellte der Beklagte fest, dass das Pferd der Klägerin den rechten Hinterfuß nicht belastete und leicht hinkte. Er erkannte ein 4 bis 5 Millimeter großes rundes Loch auf Höhe des rechten Sprunggelenks. Er erachtete die Wunde als nicht gefährlich, weil sie nicht besonders tief erschien und behandelte sie zunächst selbst mit einer

---

87 Vgl zur Tierhalterhaftung ausführlich Kapitel 3.4.7.
88 *Harrer* in *Schwimann/Kodek*, ABGB-Praxiskommentar³, § 1320, Rz 3 mwN.

Salbe. Erst einige Tage später rief er den Tierarzt. Insgesamt ca 10 Tage später verständigte er die Klägerin, die Eigentümerin des Pferdes. Schließlich musste das Pferd in der Tierklinik behandelt werden, da es sich um eine infizierte Wunde handelte. Letztlich musste das Pferd aufgrund einer Sehneninfektion eingeschläfert werden.

Entscheidung:
Aufgrund seiner Ausbildung und Erfahrung mit Pferden hätte der Beklagte nach Auffassung des Gerichts die Gefährlichkeit der Verletzung erkennen und früher darauf reagieren müssen. Es konnte zwar nicht festgestellt werden, dass bei einer sofortigen Behandlung ein besserer Heilungsverlauf hätte erzielt werden können, die Heilungschancen wären jedoch wesentlich besser gewesen.

Die Pflichten des Beklagten ergeben sich aus dem Verwahrungsvertrag, den er mit der Klägerin schloss. Als Hauptpflicht des Verwahrungsvertrages muss das anvertraute Pferd sorgfältig verwahrt, verpflegt und versorgt werden. Bei der Verletzung des Pferdes traf den Beklagten die unverzügliche Verständigungspflicht der Klägerin und das Ergreifen von Sicherheitsmaßnahmen.

Ein Fehlverhalten hinsichtlich der Verständigung der Klägerin konnte aufgrund der Ortsabwesenheit der Klägerin wegen Urlaubs allerdings nicht festgestellt werden.

Der OGH konnte das Verfahren nicht abschließend beurteilen und wies dieses an die Unterinstanzen für weitere Feststellungen zurück.

Empfehlung / Einschränkung der Haftung

Im Zusammenhang mit der Übernahme der Obsorge besteht die Möglichkeit, schriftliche Verträge abzuschließen. Die Rechte und Pflichten sollten dargelegt und festgehalten werden. In diesem Zusammenhang kann auch den Aufklärungspflichten nachgekommen und genaue Maßnahmen getroffen werden, was im Unglücksfall von wem zu tun ist bzw was auch seitens des Eigentümers des Pferdes konkret gewünscht wird. Haftungsausschlüsse können ebenfalls vereinbart werden, wobei diesbezüglich die Einholung rechtlicher Beratung empfehlenswert ist.

Merke:
Wer die Obsorge über ein Pferd übernimmt oder ein Pferd bei sich einstellt, kann für einen Unfall des Pferdes in der Box oder auf der Koppel allenfalls zur Haftung herangezogen werden.

Empfehlung zum Weiterlesen:

Kapitel 3.4.2: Sorgfaltsmaßstab
Kapitel 3.4.6: Die typische Tiergefahr
Kapitel 3.4.7: Tierhalterhaftung

4.6. Diebstahl in der Sattelkammer

Den Reitstallbetreiber trifft eine besondere Haftung als Unternehmer, der Stallungen hält (zu den Voraussetzungen siehe Kapitel 3.4.8.1). Diese Haftung trifft ihn auch und insbesondere dann, wenn Fremde im Reitstall aus- und eingehende Personen den Schaden verursacht haben. Darunter fallen grundsätzlich auch Diebstähle, sofern es sich um Einschleichdiebe, Einsteigdiebe oder Gelegenheitsdiebe handelt. Keine Haftung besteht jedenfalls dann, wenn sich eine Person durch Gewaltanwendung Zutritt zum Reitstall verschafft hat.

Nicht gänzlich geklärt ist, ob jedoch nur für das Pferd oder auch die sonstige Ausrüstung des Einstellers gehaftet wird. Das Gesetz sieht Folgendes vor:

„[...] ebenso haften Unternehmer, die Stallungen und Aufbewahrungsräume halten, für die bei ihnen eingestellten Tiere und Fahrzeuge und die auf diesen befindlichen Sachen."[89]

Aufgrund der Ausformulierung der Gesetzesbestimmung ist nicht gänzlich geklärt, welche Gegenstände im Zusammenhang mit Pferden tatsächlich von dieser Haftung umfasst sind. Bei einer vorsichtigen Interpretation des Gesetzestextes wird der Reitstallbetreiber auch bestmöglich vorsorgen, dass Diebstähle in der Sattelkammer unterbleiben. Die Haftung für Unternehmer, die Stallungen betreiben, ist ein Sonderfall der „Gastwirte-Haftung"; Gastwirte haften sehr wohl für die von den Gästen eingebrachten Sachen. In Anlehnung an diese Vorschrift besteht die Gefahr, dass ein Gericht auch einen Reitstallbetreiber als für eingebrachte Sachen für das Pferd haftend ansieht. Das würde bedeuten, dass auch eine Haftung für das Geschirr von Pferden besteht, auch wenn die Pferde nicht eingespannt sind sowie für sämtliche für das Pferd benötigte Sachen wie Sattel, Saumzeug, Reithelm, Reitstiefel, sonstige Reit- und Pflegeutensilien, sofern diese an einem hierzu bestimmten Ort innerhalb des Stallbetriebes gebracht und allenfalls auch zweckmäßiger Weise in der Nähe des Pferdes aufbewahrt werden.[90]

---

89 § 970 Abs 2 Satz 2 ABGB.
90 Vgl hierzu *Parapatits* in *Schwimann/Kodek,* ABGB-Praxiskommentar[4], § 970, Rz 50, mwN; auch Parapatits folgt der von ihm erläuterten Auffassung von Neumayer insbesondere für den Fall, wenn der Stallbetreiber eigens Platz für diese Utensilien zu Verfügung stellt, also einen entsprechenden Platz anweist. Parapatits sieht hier eine Analogie zum Aufbewahrungsraum und damit dem Garagierungsvertrag, der ebenfalls in § 970 Abs 2 ABGB geregelt ist.

Hat ein Einsteller allerdings allein Zutritt zu einem bestimmten Raum, wo er seine Utensilien aufbewahren kann, so besteht auch keine Gefahr des offenen Hauses und die Haftung des Unternehmers, der Stallungen hält, greift hier selbstverständlich nicht.[91]

Eine Frist zur Anzeige des Diebstahls durch den Einsteller besteht nicht, wenngleich diese unverzüglich zu erfolgen hat.

Beschränkung der Haftung des Reitstallbetreibers

Der Reitstallbetreiber hat jedoch die Möglichkeit, die doch sehr umfassende Haftung zu beschränken. Eine Ablehnung der Haftung durch Anschlag ist aber – gesetzlich normiert (!) – ohne rechtliche Wirkung![92] Mit Anschlag kann aber sehr wohl darauf hingewiesen werden, dass Kostbarkeiten und Geld – sofern dies im Reitstallbetrieb praxisrelevant sein sollte – beim Reitstallbetreiber abzugeben sind, da andernfalls nicht gehaftet wird. Auf die Formulierung des Anschlages ist im konkreten zu achten und muss dem Einsteller sofort klar sein, dass er derartige Gegenstände beim Reitstallbetreiber bei sonstigem Haftungsausschluss abgeben muss.[93]

Für Reitstallbetreiber jedoch wesentlich einfacher und nachhaltiger ist eine Beschränkung im Einstellvertrag, die zulässig ist, wenngleich das Ausmaß der Haftungsbeschränkung nicht zur Gänze geklärt ist.[94] Ein Ausschluss geringen Verschuldens wird wohl im Regelfall genauso möglich sein wie eine betragsmäßige Beschränkung, hier in Anlehnung an die Gastwirte-Haftung.

Merke:

Möglicherweise besteht auch eine Haftung für die Ausrüstung des Einstellers bei gewerbsmäßig tätigen Reitstallbetreibern.
Ein Reitstallbetreiber könnte haften – sofern er nicht das Gegenteil beweisen kann – für Schäden, die seinen Einstellern entstanden sind, sofern er nicht nachweisen kann, dass der Schaden nicht auf sein eigenes Verschulden, das Verschulden jener Personen, die für ihn tätig sind, oder durch fremde im Haus aus- und eingehende Personen verursacht wurde.

---

91 Vgl *Schubert* in *Rummel,* ABGB³, § 970, Rz 11.
92 § 970a Satz 1 ABGB.
93 Vgl hierzu im Detail *Parapatits* in *Schwimann/Kodek,* ABGB-Praxiskommentar⁴, § 970a, Rz 15 ff.
94 Im Zusammenhang mit Garagierungsverträgen bejahte die Rechtsprechung etwa die Gültigkeit eines Haftungsausschlusses für von Dritten verursachte Schäden oder für Sachschäden, die durch den Garagenunternehmer oder seine Leute leicht fahrlässig verursacht wurden (vgl *Parapatits* in *Schwimann/Kodek,* ABGB-Praxiskommentar⁴, § 970a, Rz 22, mwN.)

Der Einsteller hat gegenüber dem Reitstallbetreiber unverzüglich anzuzeigen, wenn ein Diebstahl erfolgt oder ein Schaden eingetreten ist.

Tipp:

Die Haftung kann im Einstellvertrag beschränkt und für leichte Fahrlässigkeit allenfalls ausgeschlossen werden.
Ein Anschlag einer leicht auffallenden Tafel mit dem Hinweis, dass Wertgegenstände direkt beim Reitstallbetreiber zu deponieren sind, kann ebenfalls Abhilfe schaffen.

Empfehlung zum Weiterlesen:

Kapitel 3.4.8.1: Haftung des Reitstallbetreibers für Pferd und Ausrüstung des Einstellers

4.7. Diebstahl einer Kutsche aus einem Gebäude des Reitstallbetreibers

Den Reitstallbetreiber trifft auch die Haftung eines Unternehmers, der Aufbewahrungsräume hält.[95] Diese Haftung entspricht im Wesentlichen jener Haftung für Unternehmer, die Stallungen halten. Stellt der Reitstallbetreiber daher einen Aufbewahrungsraum zur Verfügung und befindet sich darin ein eingestelltes Fahrzeug, eine Kutsche, so haftet er auch hier für die Gefahr des offenen Hauses entsprechend der dargestellten Grundsätze eines Unternehmers, der Stallungen hält.

Auch hier ist die Gefahr des offenen Hauses Voraussetzung. Besteht daher die Möglichkeit, dass der Einsteller den Raum mit der Kutsche versperrt und hier auch keine anderen Personen ein- und ausgehen können, so besteht keine entsprechende Haftung des Reitstallbetreibers.

Andernfalls hat der Reitstallbetreiber dem Einsteller gegenüber bei einem allfälligen Diebstahl der Kutsche einzustehen, sofern es sich um einen Einschleichdieb oder Einsteigdieb handelt. Ist der Aufbewahrungsraum jedoch abgesperrt und verschafft sich eine Person durch Einbruch oder sonstige Gewaltanwendung Zutritt zu diesem Raum, besteht keine besondere Haftung des Reitstallbetreibers. Wird die Kutsche ohne Gewaltanwendung entwendet und ist der Einsteller nicht der Einzige, der Zutritt zum Raum hat, haftet der Reitstallbetrieb wieder für eigenes Verschulden, das Verschul-

---

95 § 970 Abs 2 Satz 2 ABGB.

den jener Personen, die für ihn tätig sind sowie für fremde, im Reitstall aus- und eingehende Personen, es sei denn er kann nachweisen, dass der Schaden – der Diebstahl – auf andere Art und Weise verursacht wurde.

Eine Frist zur Anzeige des Diebstahls durch den Einsteller besteht nicht, wenngleich diese unverzüglich zu erfolgen hat.[96]

Merke:

Eine Haftung für eingestellte Fahrzeuge des Einstellers besteht bei gewerbsmäßig tätigen Reitstallbetreibern.
Ein Reitstallbetreiber haftet – sofern er nicht das Gegenteil beweisen kann – für Schäden, die seinen Einstellern an eingestellten Kutschen entstanden sind, sofern er nicht nachweisen kann, dass der Schaden nicht auf sein eigenes Verschulden, das Verschulden jener Personen, die für ihn tätig sind, oder durch fremde im Haus aus- und eingehende Personen verursacht wurde!
Der Einsteller hat gegenüber dem Reitstallbetreiber unverzüglich anzuzeigen, wenn ein Diebstahl erfolgt ist. Binnen 30 Tagen ist anzuzeigen, wenn ein Schaden eingetreten ist.

Tipp:

Die Haftung kann im Einstellvertrag beschränkt und für leichte Fahrlässigkeit allenfalls ausgeschlossen werden.
Ein Anschlag einer leicht auffallenden Tafel mit dem Hinweis, dass Wertgegenstände direkt beim Reitstallbetreiber zu deponieren sind, kann ebenfalls Abhilfe schaffen.

Empfehlung zum Weiterlesen:

Kapitel 3.4.8.1: Haftung des Reitstallbetreibers für Pferd und Ausrüstung des Einstelellers

4.8. Unfall beim Transport des Pferdes

Unfälle, die beim Transport des Pferdes passieren, können zu einer Haftung desjenigen führen, der das Pferd verladen oder aber auch den Pferdetransporter als Lenker fortbewegt hat. Hinsichtlich der Frage, wann gehaftet wird, besteht kein Unterschied, ob der Transport aus Gefälligkeit oder durch ein gewerbsmäßig tätiges Unternehmen durchgeführt wurde. Der Haftungsmaßstab bei einem gewerbsmäßigen Unternehmen liegt allenfalls etwas höher.

---

96 § 970b ABGB.

4.8. Unfall beim Transport des Pferdes

Der große Unterschied besteht jedoch darin, dass ein gewerbsmäßiges Unternehmen entsprechende Versicherungen abgeschlossen, der Besitzer eines privaten Pferdeanhängers, der für einen Freund oder Bekannten tätig wird, im Regelfall nicht. Damit ist der Private im Gegensatz zum Unternehmer im Haftungsfall nicht abgesichert!

Es sollte gut überlegt sein, ob entsprechende Versicherungen bestehen und ob die Haftung für einen derartigen Transport wirklich übernommen werden kann. Im Zweifelsfall sollte von Freundschaftsdiensten abgesehen werden und ein Transport eines Pferdes für Freunde oder Bekannte nicht durchgeführt werden.

Hinzu kommen noch weitere Fragen, die im Vorfeld geklärt werden müssen und aus deren Verstoß sich entsprechende Haftungen ergeben können:

- Gewichtshöchstgrenzen für Pferdeanhänger und das ziehende Kfz
- entsprechender Führerschein und Transportpapiere
- Gewährleistung von Frischluftzufuhr, Versorgung der Pferde sowie Schutz vor Verletzungen
- Einhaltung der StVO
- etc

Für den Pferdebesitzer gilt, dass er allenfalls für Beschädigungen am Pferdeanhänger aufzukommen hat, die sein Pferd verursacht (Tierhalterhaftung[97]).

Abhängig von der Konstellation (Beauftragung gewerbsmäßiger Transportunternehmen; Entleihung eines Pferdeanhängers; Fahrt mit dem eigenen Pferdeanhänger mit Pferden von Freunden, etc) können sich die unterschiedlichsten Haftungsfragen stellen. Sinnvoll ist es, sich im Vorfeld über die relevanten Vorschriften für den Transport zu informieren, sodann wiederum die notwendige Sorgfalt anzuwenden bzw im Zweifelsfall den Transport nicht selbst durchzuführen.

Merke:

Im Zusammenhang mit dem Transport von Pferden bestehen entsprechende Risiken, die zu Haftungen führen können. Im Zweifelsfall sollten Freundschaftsdienste (Transport von Pferden für andere) abgelehnt werden.

Empfehlung zum Weiterlesen:

Kapitel 3.4.7: Tierhalterhaftung

---

[97] Vgl Kapitel 3.4.7.

4.9. Unfall bei Überlassung eines Pferdes an Dritte

Die Überlassung eines Pferdes an Dritte erfolgt üblicherweise durch Reitschulen, Pferdebesitzer – an Mitreiter, Turnierreiter, uä.

Ganz allgemein gilt: Tierhalter dürfen Pferde nur an eine des Reitens hinreichend kundige und körperliche geeignete Person überlassen.[98] Es kann sich sohin aus diesem Grund und insbesondere auch aus der Verletzung von Aufklärungspflichten über die Eigenarten eines Pferdes oder sonstige besondere Umstände eine Haftung für den Eigentümer des Pferdes ergeben.

Merke:

Eine Überlassung eines Pferdes darf nur an eine hinreichend kundige und körperlich geeignete Person erfolgen.
Über Eigenarten des Pferdes sollte im Vorhinein aufgeklärt werden.

Tipp:

Bei Überlassung eines Pferdes sollte ein schriftlicher Vertrag geschlossen werden, in welchem auch die Eigenarten oder sonstigen besonderen Umstände des Pferdes schriftlich festgehalten werden. In diesen Vertrag können allenfalls auch Regelungen zur Haftung (Ausschlüsse, Reduzierungen der Haftungen) vereinbart werden.

Empfehlung zum Weiterlesen:

Kapitel 3.3.6: Wer könnte haften? – Pferdebesitzer / Vermieter eines Pferdes
Kapitel 3.4.1: Verletzung der Aufklärungspflicht

Folgenschweres Führen eines Pferdes – LG für ZRS 16.6.1998, 15 Cg 213/93s 54, veröffentlicht in OGH 27.4.1999, 1 Ob 112/99y

Sachverhalt:
Der Kläger suchte den Galoprennstall des Beklagten auf, um mit einem Pferd zu reiten. Dies hat er zuvor schon gelegentlich getan. Der Beklagte ersuchte den Kläger, er möge ein bestimmtes Pferd, auf dem ein Jokey reiten sollte, aus dem Stall hinaus führen. Dem Ersuchen kam der Kläger nach. Der Beklagte wies auf eine bekannte Gefährlichkeit des Pferdes nicht hin. Das Pferd wurde beim Hinausführen aus dem Stall immer unruhiger, stieg zuletzt und versetzte dem Kläger einen Hufschlag auf das rechte Knie, wodurch dieser schwere Verletzungen erlitt.

---

98 Vgl *Weixelbraun-Mohr* in *Kletecka/Schauer*, ABGB-ON$^{1.02}$, § 1320, Rz 18.

Entscheidung:
Der Beklagte ist Tierhalter und daher haftbar. Er sorgte nicht für die nötige Verwahrung bzw Beaufsichtigung des Tieres, da er den Kläger veranlasste, dieses Pferd aus dem Stall zu führen, wobei er den Kläger überforderte.
Dem Kläger war jedoch vorzuwerfen, dass er trotz mangelnder Sachkunde der Aufforderung des Beklagten nachgekommen ist und auf das Verhalten des Pferdes falsch reagiert hatte. Das Gericht teilte daher das Verschulden im Verhältnis 4:1 zu Gunsten des verletzten Klägers.

Aufforderung zur Gewöhnung eines Pferdes an Züge – OGH 31.1.1905, 18.321 (GlUNF 2940)

Sachverhalt:
Der Beklagte war beim Kläger als Knecht bedienstet. Das Pferd des Beklagten, das vor dem Pflug vorgespannt war, pflegte vor Eisenbahnzügen zu scheuen. Deshalb beauftragte der Beklagte seinen Bediensteten, als wieder ein Zug vorbeifuhr, das Pferd in die Nähe des Bahnkörpers zu führen, damit sich das Pferd an den Anblick der Eisenbahnzüge gewöhne. Der Beklagte spannte das Pferd selbst aus dem Pflug aus. Als der Zug sich näherte, scheute das Pferd und verletzte den bediensteten Knecht durch einen Hufschlag.

Entscheidung:
Zuweilen können auch sogenannte „fromme" Pferde beim Anblick plötzlich in ihrer Nähe auftauchender massiger Gegenstände scheu werden und die Bändigungsfertigkeit selbst des gewandtesten Verantwortlichen illusorisch machen. Die tägliche Erfahrung lehrt – dies war auch dem Beklagten bewusst – dass Pferde beim Heranbrausen von Eisenbahnzügen, Automobilen und dergleichen leicht scheu werden und dann schwere Unfälle hervorrufen. Dem Beklagten war dies ja eben deshalb bekannt, da er beabsichtigte, sein Pferd an den Zug zu gewöhnen.
Der OGH stellte aber Mitverschulden fest, da dem bediensteten Knecht seine Dienstpflicht nicht dazu zwang, wegen einer Laune seines Dienstherren Leben, Gesundheit und körperliche Integrität einer Gefährdung auszusetzen.
Da sich das Verhältnis des Verschuldens im konkreten Fall nicht bestimmen ließ, kam es zu einer Schadensteilung 1:1.[99]

4.10. Pferd verletzt Person / fügt Sachschaden zu

Das Pferd als solches selbst kann Personen verletzen oder Sachschaden zufügen. Die Hauptfrage, die sich in so einer Situation immer stellt, ist, ob eine sogfältige Verwahrung des Pferdes ge-

---

[99] Gemäß § 1304 ABGB kommt es für den Fall, dass sich das Verhältnis des Verschuldens nicht bestimmen lässt, zu einer Teilung 1:1.

4. Konkrete Haftungsfalle im täglichen Umgang mit dem Pferd

währleistet war und damit eine zufällige Schadenszufügung erfolgt ist. Ist dem nicht so, besteht eine Haftung des Tierhalters.[100]

Es stellt sich hierbei auch die Frage, ob andere Personen ein Fehlverhalten gesetzt haben, dass es schließlich so weit kommen konnte. In diesem Fall kann sich auch die Frage stellen, ob mehrere Personen allenfalls gemeinsam für einen eingetretenen Schaden haften.

Hierzu zählen zB auch jene Fälle, dass ein Hengst aus einer Koppel ausbricht und eine Stute nebenan deckt, was vom Besitzer der Stute nicht gewünscht wird.

Merke:

Die Schadenszufügung durch ein Pferd kann zu einer Haftung des Tierhalters führen, auf Zufall beruhen oder von einem Dritten verursacht sein. Allenfalls kommt es zur Haftung mehrerer.

Empfehlung zum Weiterlesen:

Kapitel 3.2.3: Kausalität (zur Haftung mehrerer Schädiger)
Kapitel 3.4.6: Typische Tiergefahr (Entscheidung: Ausschlagen mit den Hinterhufen)
Kapitel 3.4.7: Tierhalterhaftung
Kapitel 3.6: Wofür hat man einzustehen?
Kapitel 4.9: Unfall bei Überlassung eines Pferdes an Dritte (Entscheidung: Folgenschweres Führen eines Pferdes)

---

100 Vgl Kapitel 3.4.7.

5. Haftungsfragen beim Verkauf eines Pferdes

Auch im Rahmen des Verkaufs von Pferden kann es zu Haftungen kommen. Diese bestehen insbesondere darin, dass der Käufer eine Korrektur des Kaufpreises wünscht (Preisminderung) oder aber die Rückgabe eines Pferdes (Wandlung). Neben diesen Gewährleistungsansprüchen bestehen noch allenfalls Schadenersatzansprüche.

Als Besonderheit kann nach österreichischem Recht ein Vertrag auch dann angefochten werden, wenn der bezahlte Preis mehr als das Doppelte des Wertes des Pferdes beträgt, wobei dies im Zusammenhang mit dem Pferdekauf schwierig zu beurteilen ist. Zudem wird oftmals ein Liebhaberpreis für ein Pferd bezahlt.

Ein weiterer Anspruch, der insbesondere im Vergleich zur Gewährleistung, die nach zwei Jahren verjährt, eine längere, nämlich einer dreijährigen Verjährungsfrist unterliegt, ist die sogenannte Irrtumsanfechtung. Sofern im Kaufzeitpunkt beide Teile zB über eine Eigenschaft des Pferdes geirrt haben, lässt sich der Kaufvertrag allenfalls anfechten.

In diesem Zusammenhang ist eine Beratung aufgrund der Vielzahl und der Komplexität an Fragestellungen sinnvoll und empfehlenswert.

Merke:

Beim Verkauf eines Pferdes können diverse Ansprüche des Käufers bestehen (insbesondere Gewährleistungsansprüche). Für diese besteht eine zweijährige Verjährungsfrist; für weitere Ansprüche besteht meist eine dreijährige Verjährungsfrist.
Aufgrund des sich ändernden Gesundheitszustandes des Lebewesens Pferd ergeben sich hierbei besondere praktische Probleme.

Tipp:

Die Einholung einer rechtlichen Beratung im Vorfeld ist empfehlenswert. Der Abschluss eines schriftlichen Kaufvertrages ebenfalls, in welchem allenfalls auf bekannte „Mängel" des Pferdes hingewiesen werden sollte.

6. Haftungspotenzial als Elternteil

„Eltern haften für ihre Kinder" – eine Aufschrift, die oftmals gelesen werden kann und über einen rechtlichen Hintergrund verfügt. Als Elternteil ist man obsorgepflichtig für seine Kinder und kann daher im Fall der Vernachlässigung dieser Obsorgepflicht zur Haftung herangezogen werden. Das bedeutet, dass für den Fall der Schadenszufügung durch ein Kind dessen Eltern den Schaden zu ersetzen haben.

Für Eltern ist es daher nicht unwesentlich, folgendes im Zusammenhang mit dem Reitsport von ihren Kinder zu wissen:

- Bei einem Ausritt, bei welchem auch nur ein kleines Stück des Weges im Straßenverkehr zurückgelegt wird, besteht ein Mindestalter von 16 Jahren sowie das Erfordernis, dass diese Person körperlich geeignet und des Reitens kundig ist. Ist eine jüngere Person im Straßenverkehr mit Pferd unterwegs, darf dies nur in Begleitung eines Erwachsenen erfolgen.[101]
- Der Reiterpass darf bereits mit Vollendung des 8. Lebensjahres abgelegt werden, wobei eine Dressurprüfung sowie eine Geländestrecke mit Hindernissen zu reiten ist. Zusätzlich ist auch eine theoretische Prüfung abzulegen.[102] Nach Ablegung des Reiterpasses darf man als Elternteil wohl davon ausgehen, dass das eigene Kind als des Reitens kundig anzusehen ist, da im Rahmen dieser Prüfung das Beherrschen des Pferdes in allen Gangarten mit geprüft wird.[103]
- Auch als Elternteil sollte darauf geachtet werden, in welchem Schulbetrieb das Kind ausgebildet wird, wer zuständiger Reitlehrer ist, nach welchen Kriterien geeignete Pferde für das Kind ausgewählt werden – dies nicht nur im Eigeninteresse. Sollten hier – auch für allenfalls laienhafte Eltern erkennbare – Versäumnisse bestehen, steht für den Fall eines Unfalles auch die Frage eines allfälligen Mitverschuldens des Kindes bzw der obsorgepflichtigen Eltern im Raum.
- Eine Haftung des Minderjährigen kann sich ab dem 10. Lebensjahr, vielleicht sogar früher ergeben. Voraussetzung dafür ist aber, dass eine entsprechende Kenntnis vom Umgang mit dem Pferd und einer Einsichtsfähigkeit vorliegt. Die entsprechende Kenntnis liegt wohl dann vor, wenn das Kind bereits den Reiterpass absolviert hat. Ähnliches hat der OGH im Zusammenhang mit einem zehnjährigen Jungen, der bereits die

---

101 § 79 Abs 1 StVO.
102 Vgl § 1404 ÖTO.
103 Vgl § 1404 ÖTO.

Fahrradprüfung abgelegt hatte und einen Fahrradunfall verursachte, geurteilt.[104]

Als Elternteil selbst kommt eine Haftung dann in Frage, wenn eine Obsorgeverletzung vorliegt, wobei diese Pflichtverletzung schuldhaft erfolgen muss. Die Verletzung der Obsorgepflicht wird stets abgewogen gegen die Notwendigkeit, Kindern bei der Erziehung Freiräume zu gewähren, um die Entwicklung einer selbständigen Persönlichkeit zu fördern.[105] Das bedeutet, dass bei sehr jungen Reitschülern oder bei der Mitnahme von Geschwistern der Reitschüler in den Reitstall – wie überall anders auch – die Obsorgepflichten beachtet werden müssen. Die Rechtsprechung stellt in diesem Zusammenhang auf den Maßstab „verständiger Eltern" ab. Entscheidend ist, ob die getroffenen Maßnahmen „vernünftigen Anforderungen" entsprochen haben.[106]

Direkte Haftung des Kindes (anstelle der Eltern):

Auch eine direkte Haftung des Kindes ist möglich, wenn die Einsichtsfähigkeit – des konkreten Kindes im konkreten Fall – bereits gegeben ist.

Zehnjähriger Junge mit Fahrradprüfung haftet – OGH 9.4.2015, 2 Ob 31/15w

Sachverhalt:
Ein zehnjähriger Junge wollte die Mutter eines verletzten Spielkameraden von dessen Unfall am Fußballplatz verständigen. Er fuhr daher mit dem Rad zur Mutter des Freundes. Bei der Retourfahrt zum Sportplatz, da er die Mutter nicht antraf, fuhr er ohne zu bremsen in einem Zug über den Gehsteig auf die Fahrbahn, wo es unmittelbar danach zum Zusammenstoß mit dem ebenfalls auf einem Fahrrad fahrenden Kläger kam, der keine Möglichkeit hatte, den Unfall durch Bremsen oder Ausweichen zu vermeiden.
Der beklagte Zehnjährige hatte wenige Wochen zuvor eine freiwillige Radfahrprüfung bestanden. Er verfügt über kein eigenes Vermögen und außer geringem Taschengeld auch über kein Einkommen.

---

104 Vgl dazu die im Folgenden dargestellte OGH-Entscheidung zu einem Fahrradunfall, den ein 10-jähriger Junge verursachte.

105 *Kötz/Wagner* heben in diesem Zusammenhang hervor, dass eine haftungsrechtlich veranlasste Einengung der Bewegungsfreiheit des Minderjährigen nicht im Interesse rechtzeitiger Einübung sorgfältigen Verhaltens im sozialen Verkehr liegt und dass das Kind an die Welt der Erwachsenen herangeführt, mit Gefahrenquellen vertraut und zu sicherheitsbewusstem Verhalten erzogen werden soll (siehe *Harrer* in Schwimann/Kodek, ABGB-Praxiskommentar³, § 1309, Rz 1, mwN).

106 Vgl dazu näher *Harrer* in Schwimann/Kodek, ABGB-Praxiskommentar³, § 1309, Rz 6.

6. Haftungspotenzial als Elternteil

Entscheidung:
Fahrradfahrer müssen mindestens zwölf Jahre alt sein. Ab dem zehnten Lebensjahr kann auf Antrag eine Bewilligung zum Fahrradfahren von der Behörde erteilt werden. Die selbständige Teilnahme am öffentlichen Verkehr wird damit Kindern somit zugetraut. Das Verschulden ist in der Regel milder zu beurteilen; es hängt von der Einsichtsfähigkeit ab, die umso eher abzulehnen ist, je entfernter das Alter des Kindes von der Mündigkeitsgrenze liegt.

Der OGH hält fest, dass auch von einem zehnjährigen Jungen mit Radfahrprüfung die Einsicht in grundlegende Verkehrsregeln erwartet werden darf, ein Mitverschulden aber als geringer zu bewerten ist. Auch die Aufregung und Ablenkung aufgrund der Verletzung des Freundes wurde bei der Abwägung berücksichtigt. Der OGH kam schließlich zur Ansicht, dass der beklagte Zehnjährige für ein Viertel des Schadens des Klägers zu haften hat.

Merke:

Im Fall der Vernachlässigung der Obsorgepflicht der Eltern können diese für Schäden, die durch ihre Kinder zugefügt werden, zur Verantwortung herangezogen werden.

Kinder können aber auch dann, wenn sie eigentlich noch unmündig sind, zur Haftung herangezogen werden, sofern ausreichende Einsichtsfähigkeit im Unfallszeitpunkt bestanden hat.

Empfehlung zum Weiterlesen:

Kapitel 3.3.7: Wer könnte haften? – Mieter eines Pferdes / Mitreiter
Kapitel 7: Ausritt auf Privatgrund / in den Wald
Kapitel 8: Pferdesport im Straßenverkehr

7. Ausritt auf Privatgrund / in den Wald

Privatgrund

Privatgrund ist grundsätzlich Sache des Eigentümers. Ein Bereiten eines solchen (Wiesen, Privatweg und ähnliches) ist nur mit Zustimmung des Grundeigentümers zulässig.

Oft bestehen Reitwegenetze, die von Reitern benutzt werden dürfen. Sie basieren auf Vereinbarungen mit den jeweiligen Grundeigentümern und bilden daher eine Ausnahme zu dem Grundsatz, dass auf Privatgrund nicht geritten werden darf – da diesfalls eine spezielle Zustimmung des Grundeigentümers vorab eingeholt wurde.

Bei widerrechtlichem Bereiten von Privatgrund kann seitens des Grundbesitzers eine Besitzstörungsklage angestrengt werden. Bei Schadenszufügung besteht eine Haftung nach allgemeinen schadenersatzrechtlichen Grundsätzen.

Reiten im Wald

Nach den Bestimmungen des Forstgesetzes darf jedermann Wald in Österreich zu Erholungszwecken betreten und sich dort aufhalten.[107] Als Ausnahme angeführt ist jedoch, neben anderen Ausnahmen, das Reiten, wobei eine Benutzung durch Reiten nur unter folgenden Voraussetzungen zulässig ist:

"… mit Zustimmung des Waldeigentümers, hinsichtlich der Forststraßen mit Zustimmung jener Person, der die Erhaltung der Forststraße obliegt."[108]

Die Zustimmung des Waldeigentümers oder Forststraßenerhalters erfolgt durch Hinweistafeln;[109] sofern daher kein Reitwegenetz besteht, darf im Wald nur geritten werden, wo entsprechende Hinweistafeln das Reiten erlauben.

Wer ohne Zustimmung des Waldeigentümers oder Forststraßenerhalters im Wald reitet, begeht eine Verwaltungsübertretung, die mit einer Geldstrafe von bis zu € 150,00 geahndet werden kann.[110] Darüber hinaus können auch zivilrechtliche Folgen drohen, insbesondere eine Besitzstörungsklage, da der Waldeigentümer bzw Forststraßenerhalter das Bereiten nicht dulden muss und daher der Eigentümer in seinen Besitzrechten gestört ist.

---

107 § 33 Abs 1 ForstG.
108 § 33 Abs 3 Satz 1 ForstG.
109 § 34 Abs 10 ForstG, forstliche Kennzeichnungsverordnung (BGBl 179/1976 idF BGBl II 67/1997).
110 § 174 Abs 2 lit a ForstG.

7. Ausritt auf Privatgrund / in den Wald

Darüber hinaus kann sich auch aus der Missachtung dieser Vorschrift eine Haftung gegenüber anderen Waldbenutzern ergeben. Die Vorschrift des § 33 Abs 1 ForstG könnte auch dem Schutz erholungssuchender Fußgänger dienen. Es kann daher sein, dass durch einen Ritt im Wald und der damit einhergehenden Verletzung des § 33 ForstG eine Gesetzesverletzung vorliegt, die eine Rechtswidrigkeit darstellt und damit zu einer Haftung führt.[111]

Der Fußgänger im Wald – OGH 10.11.1994, 2 Ob 75/94

Sachverhalt:
Auf einem Waldweg ereignet sich ein Unfall zwischen einem Fußgänger und einem Mountainbike-Fahrer. Der Fußgänger wurde dabei schwer verletzt. Ursache des Unfalls war, dass der Fußgänger unvermittelt auf die Seite trat und es dadurch zur Kollision kam.

Entscheidung:
Die Übertretung einer Norm macht nur dann für den durch die Übertretung verursachten Schaden haftbar, wenn durch die Gesetzesbestimmung gerade dieser Zweck verhindert werden sollte. Welchen Schutzzweck eine Gesetzesnorm verfolgt, ergibt sich grundsätzlich aus ihrem Inhalt. Es ist ausreichend, wenn die Verhinderung des Schadens bloß mitbezweckt ist. Durch § 33 ForstG wurde im öffentlichen Interesse, welches im Erholungszweck des Waldes liegt, eine Legalservitut begründet, die im Grundsätzlichen das Begehen des Waldes vorsieht. Dem Erholungszweck dient es auch, gegenseitige Beeinträchtigungen der verschiedenen Gruppen von (potentiellen) Waldbenützern anzuhalten. Es sind daher auch Fußgänger vom Schutzzweck der Norm des § 33 ForstG mit umfasst.
Im konkreten Fall wies der OGH die Entscheidung an das Erstgericht zurück, um auch festzustellen, ob nicht auch den Fußgänger eine Sorglosigkeit traf. Eine abschließende Entscheidung wurde daher vom OGH nicht gefällt, die Entscheidung des Erstgerichts ist nicht veröffentlicht.

Merke:

Wiesen, Privatwege uä stehen üblicherweise im Privateigentum; das Bereiten ist nur mit Zustimmung des Grundeigentümers zulässig.
Reiten im Wald ist grundsätzlich ebenfalls nur mit Zustimmung des Waldeigentümers oder des Forststraßenerhalters zulässig.
In beiden Fällen können die Berechtigen Besitzstörungsklage bei widerrechtlichem Bereiten einbringen.

Empfehlung zum Weiterlesen:

Kapitel 4.2: Unfall bei Ausritt mit dem eigenen / überlassenen Pferd
Kapitel 8: Pferdesport im Straßenverkehr

---

111 Siehe zur Voraussetzung der Rechtswidrigkeit für das Vorliegen einer Haftung oben, Kapitel 3.2.5.

8. Pferdesport im Straßenverkehr

8.1. Reiten im Straßenverkehr

Reiten im Straßenverkehr ist grundsätzlich erlaubt. Diesbezüglich sind die Regelungen der Straßenverkehrsordnung einzuhalten, die dezidierte Regelungen über das Reiten im Straßenverkehr enthält:[112]

- Reiter müssen körperlich geeignet und des Reitens kundig sein sowie das 16. Lebensjahr vollendet haben.
- Reiter unter 16 Jahren dürfen in Begleitung eines Erwachsenen reiten.[113]
- Der Reiter hat sich auf der Fahrbahn fortzubewegen; gibt es einen Reitweg, ist dieser zu benützen.
- Bei der Benützung der Fahrbahn sind die Regelungen der Straßenverkehrsordnung einzuhalten.
- Auch bei Dämmerung, Dunkelheit, starkem Nebel oder sonstiger nachteiliger Witterung ist das Benützen der Fahrbahn durch Reiter erlaubt, sofern – sollte die sonstige Beleuchtung nicht ausreichen – der Reiter „durch hellleuchtende Laternen an der linken Seite gekennzeichnet" ist.

Es kann daher in dem Fall, dass ein Reitschüler objektiv des Reitens nicht kundig, doch im Straßenverkehr unterwegs ist, somit auch ein Verstoß gegen die Straßenverkehrsordnung vorliegen.[114] Auch die Vorschriften über die Beleuchtung haben besondere Bedeutung für die Verkehrssicherheit und deren Verletzung ist meistens unfallauslösend. Aus diesem Grund wurde auch etwa das Fehlverhalten zweier Reiter, die unbeleuchtet auf einer Straße mitten durch das Ortsgebiet ritten, schwerer beurteilt als jenes des etwas zu schnell fahrenden Kraftfahrzeuglenkers. In einem konkreten Fall kam es diesbezüglich zu einer Verschuldensteilung von 1:2 zu Lasten der beiden Reiter.[115]

Die Straßenverkehrsordnung schreibt damit genau vor, dass Reiten nur auf Fahrbahnen und bei Straßen mit Reitwegen nur auf Reitwegen gestattet ist. Auf Autobahnen und Autostraßen ist das Reiten naturgemäß generell verboten. Ebenfalls verboten ist das Reiten auf Gehsteigen oder Gehwegen, Radwegen oder Radfahrstreifen.[116]

---

112 § 79 StVO.
113 Eine Ausnahme besteht für das Reiten im Rahmen eines landwirtschaftlichen Betriebes, wenn der Reiter das 12. Lebensjahr bereits vollendet hat.
114 Vgl OGH 15.1.1985, 2 Ob 560/84, wo sich der OGH im Zusammenhang mit einem Reitunfall auch mit § 79 StVO auseinandergesetzt hat.
115 OLG Innsbruck 25.3.2002, ZVR 2003/67.
116 § 79 Abs 2 Satz 1 StVO.

Das Überqueren von Gehsteigen, Gehwegen und Schutzinseln sowie Radfahranlagen ist selbstverständlich auch mit einem Pferd zulässig.[117]

Für Reiter gelten sinngemäß jene Bestimmungen der Straßenverkehrsordnung, die die Fahrregeln beinhalten, und nicht auch die Bestimmungen über den Fußgängerverkehr![118] Es sind daher nicht die Bestimmungen des Fußgänger- oder Radverkehrs anzuwenden, sondern dezidiert jene Regeln, die für Fahrzeuge gelten. Der Reiter muss daher möglichst weit rechts reiten und die Vorrangregeln beachten.[119]

Aber auch Fahrer von Kraftfahrzeugen treffen gewisse Pflichten, wenn sie Reiter überholen. Etwa wurde ein Abstand von 1,5 m beim Überholen eines Reiters als zu knapp angesehen, wenn das Pferd erkennbar nervös ist.[120] Auch generell wurde ein Abstand von 75 cm beim Vorbeifahren an einem Pferd bei einer Geschwindigkeit von zumindest 20 km/h als nicht ausreichend angesehen; die Lenkerin des Fahrzeuges, die einen zu geringen Seitenabstand eingehalten hat, darf jedenfalls nicht darauf vertrauen, dass sich Pferd und/oder Reiter verkehrsgerecht verhalten werden.[121]

Merke:

Reiten im Straßenverkehr ist zulässig, wenn der Reiter körperlich geeignet und des Reitens kundig ist. Reiter unter 16 Jahren dürfen nur in Begleitung von Erwachsenen reiten.
Zu Reiten ist auf der rechten Fahrbahnseite, nicht am Gehsteig.
Wenn die Beleuchtung nicht ausreicht, müssen Reiter durch „hell leuchtende Laternen" an der linken Seite gekennzeichnet sein.

Empfehlung zum Weiterlesen:

Kapitel 4.2: Unfall bei Ausritt (Entscheidung: Ausritt mit unerfahrenem Reitschüler; Entscheidung: Ausritt mit Folgen)
Kapitel 3.4.7: Tierhalterhaftung

8.2. Kinder im Straßenverkehr

Im Zusammenhang mit Kindern ist darauf zu achten, dass diese entsprechend ausgebildet und des Reitens kundig sind, wenn sie Ausritte alleine vornehmen und das 16. Lebensjahr vollendet ha-

---

117 Vgl § 8 Abs 4 StVO.
118 OGH 27.10.1994, ZVR 1995/85.
119 § 79 Abs 2 iVm §§ 7 bis 25 StVO.
120 OGH 12.12.1969, 2 Ob 343/69.
121 Vgl OGH 27.10.1994, 2 Ob 65/94.

ben, sofern sie am Straßenverkehr teilnehmen.[122] Ausritte, bei denen Straßen gequert oder an diesen entlang geritten wird, können auch von jüngeren Kinder absolviert werden, jedoch nur in Begleitung Erwachsener.[123]

8.3. Fahren im Straßenverkehr

Auch beim Fahren im Straßenverkehr ist die Straßenverkehrsordnung zu beachten, die Regelungen zur Lenkung von Fuhrwerken enthält:[124]

- Der Lenker eines Fuhrwerkes muss – es sei denn es ist etwas anderes im Spezialfall geregelt – mindestens 16 Jahre alt sein.
- Werden auf einem Fuhrwerk Personen befördert, so hat der Lenker dafür zu sorgen, dass sie so untergebracht sind, dass sie den sicheren Betrieb des Fuhrwerkes und die Verkehrssicherheiten nicht beeinträchtigen und gefahrlos befördert werden können.

Damit ergibt sich schon ein Haftungsmaßstab für den Lenker eines Fuhrwerkes aus der Straßenverkehrsordnung.

Weitere Vorschriften finden sich in der Straßenverkehrsordnung auch zu Maß und Gewicht der Fuhrwerke. Etwa darf das Gesamtgewicht eines einspurigen Fuhrwerkes zwei Tonnen, das eines zweispurigen Fuhrwerkes acht Tonnen nicht überschreiten.[125]

Dabei handelt es sich aber um Höchstgrenzen. Das Gesamtgewicht darf „unter Bedachtnahme auf die Beschaffenheit der Straße und ihre Neigungsverhältnisse und unter Bedachtnahme der Länge der zu befahrenden Strecke sowie auf die Art und Beschaffenheit des Fahrzeuges und auf die Witterungsverhältnisse die Leistungsfähigkeit des Gespannes nicht übersteigen.[126] Weitere Vorschriften finden sich auch über die Beschaffenheit und Ausstattung des Fuhrwerkes (zB sicher wirkende Bremsvorrichtungen sowie ohne Vorrichtungen, die die Fahrbahn beschädigen könnten; offenes Licht ist etwa verboten, etc)[127] zur Bespannung wird auch festgehalten, dass Geschirr und Zügel „zweckmäßig sein und sich im guten Zustand befinden" müssen.[128]

Damit ergibt sich auch im Zusammenhang mit dem Fahren aus der Straßenverkehrsordnung ein Sorgfaltsmaßstab für den Lenker

---

122 § 79 StVO.
123 § 79 StVO.
124 § 70 ff StVO.
125 § 71 Abs 4 StVO.
126 § 71 Abs 4 StVO.
127 § 72 f StVO.
128 § 74 StVO.

8. Pferdesport im Straßenverkehr

eines Fuhrwerkes. Die Bestimmungen der Straßenverkehrsordnung werden im Einzelfall nicht ausreichend sein, um beurteilen zu können, ob eine Sorgfaltswidrigkeit vorliegt oder nicht. Jedenfalls im Rahmen von Gerichtsverfahren wird die Einhaltung der erforderlichen Sorgfalt im Unfallzeitpunkt durch ein entsprechendes Sachverständigengutachten überprüft.

Die unbeleuchtete Kutsche – OGH 12.11.1998, 2 Ob 288/98m

Sachverhalt:
Der Kläger war Eigentümer und Halter einer Pferdekutsche, mit der er als Beifahrer unterwegs war. Es kam der Pferdkutsche ein Auto entgegen, das sodann die Geschwindigkeit verlangsamte. Ein hinter diesem Fahrzeug fahrender PKW überholte dieses Fahrzeug mit etwa 100 km/h und fuhr unmittelbar nach dem Überwechseln auf den linken Fahrstreifen nahezu ungebremst in das entgegenkommende Pferdegespann. Der Kläger wurde durch den Unfall verletzt. Sein Pferd musste notgeschlachtet werden.
Die Pferdekutsche war im Schritttempo unterwegs, sie war nicht beleuchtet. Der Kläger und der zweite Beifahrer hatten jeweils eine Taschenlampe an den seitlichen äußeren Begrenzungen in der Hand gehalten und damit kreisende Bewegungen ausgeführt.

Entscheidung:
§ 73 StVO erfordert die Beleuchtung eines Fuhrwerkes durch zwei Lampen, die beide nach vorne weiß und nach hinten rot leuchten. Die Lichter müssen deutlich erkennbar sein und die Breite des Fahrzeuges erkennen lassen. Diese Vorschrift richtet sich auch an den Besitzer des Fuhrwerkes, weshalb dem Kläger ein erhebliches eigenes Mitverschulden angelastet wurde, da er es schuldhaft gestattete, dass das nicht ausreichend beleuchtete Fuhrwerk überhaupt in Betrieb genommen wurde. Zudem hat er selbst an der Fahrt teilgenommen, obwohl er um die mangelhafte Ausstattung des Fuhrwerkes wusste.
Im konkreten Fall wurde der Schaden im Verhältnis 1:1 geteilt.

Merke:

Der Lenker eines Fuhrwerks im Straßenverkehr muss mindestens 16 Jahre alt sein und hat dafür zu sorgen, dass die mitfahrenden Personen gefahrlos befördert werden können.
Die Straßenverkehrsordnung enthält detaillierte Vorschriften, auch über die Beleuchtung und das Höchstgewicht der Kutsche.
Aufgrund der Beförderung von Personen auf einem Fuhrwerk sollte auf die Einhaltung des Sorgfaltsmaßstabes genauestens geachtet werden, da die Folgen eines Unfalles oft fatal sind.

9. Ausblick

Es ist damit zu rechnen, dass im Zusammenhang mit sämtlichen Haftungsfragen, nicht nur im Zusammenhang mit Pferden, vermehrt Streitigkeiten entstehen, die auch vor Gericht ausgetragen werden. Rechtschutzversicherungen werden beliebter, die Kenntnis über Haftungsansprüche nimmt zu, aber auch die Sorgfaltsansprüche an möglicherweise haftende Personen werden immer größer – mit der Folge, dass das Haftungsrisiko auch in Zukunft weiter ansteigen wird.

Absichern kann sich nur, wer sich ausreichend informiert und für den konkreten eigenen Umgang mit dem Pferd überlegt, welche Sorgfaltsmaßnahmen einzuhalten sind, welcher Sorgfaltsmaßstab anzuwenden ist und wie für die Zukunft vorgesorgt werden kann, sodass eine Haftung erst gar nicht entsteht. Damit im Zusammenhang empfiehlt sich auch die Überlegung, in welchen Konstellationen schriftliche Verträge sinnvoll sind (für Reitlehrer, Reitstallbetriebe, Reitschulbetriebe, etc), aber auch, wo Aufklärungspflichten in schriftlicher Form erfüllt werden können. Dies alles erleichtert nicht nur den Nachweis erbrachter Pflichten im Falle eines Unfalles sondern ermöglicht auch, wo dies in den gesetzlichen Grenzen zulässig ist, eine Haftung allenfalls auszuschließen oder einzugrenzen, sowohl vertraglich als auch generell.

Es wird in Zukunft wohl immer wichtiger werden, sich entsprechend zu informieren, Entscheidungen zu treffen, wie man sich selbst bestmöglich absichern kann, wann sinnvollerweise Verträge abgeschlossen werden sollten aber auch darauf zu achten, dass adäquate Versicherungen, insbesondere Haftpflichtversicherungen, abgeschlossen werden.

Der Pferdesport ist und bleibt ein wunderbarer Sport, der jedoch mit Risiken behaftet ist. Damit es ein für alle angenehmer Sport bleibt, liegt in den betreffenden Berufsgruppen aber auch bei den Pferdebesitzern eine große Verantwortung. Je mehr Menschen sich damit auseinandersetzen, welche Pflichten sie einzuhalten haben und wie Haftungen – besser noch: wie Unfälle – vermieden werden können, desto eher kann es sich dabei um ein Hobby aber auch einen Sport der Zukunft handeln, der nicht durch tragische Haftungsfälle rückläufig wird.

Allen, die sich mit dem Pferd hobby- oder berufsmäßig umgeben, wünsche ich, dass sie erst gar nicht in die Situation einer Haftung geraten, sondern sich im Vorfeld entsprechend absichern und durch Einhaltung der Sorgfalt jegliches Unfallrisiko reduzieren bzw so gut wie möglich ausschließen können.

In diesem Sinne freue ich mich, wenn die Lektüre dieses Buches für seine Leser einen wertvollen Beitrag darstellen konnte.

Literaturverzeichnis

Danzl/Gutiérrez-Lobos/Müller, Das Schmerzengeld[10]
Kletecka/Schauer, ABGB-ON[1.02]
Koziol/Bydlinski/Bollenberger (Hrsg), ABGB[4]
Koziol/Welser, Bürgerliches Recht II[13]
Mayer, Pferdehaltung und Reitsport
Rohrer/Denk, Haftung aus freiwilliger Pflichtübernahme, EvBl 2013/23
Rummel, ABGB-Kommentar[3]
Schwimann/Kodek, ABGB-Praxiskommentar[3]
Zappl, Praxishandbuch Pferderecht

Stichwortverzeichnis

A
Adäquanz 24
Alternativverhalten
– rechtmäßiges 26
Aufklärungspflicht 36
Ausritt 43, 69, 70, 71

B
Bereiter 27, 72
Beweislastumkehr 15, 31
Bösartigkeit 50

D
Diebstahl 77, 79

E
Einstellvertrag 78
Einzäunung 52
Eltern
– Haftungspotenzial 87

F
Fahrlässigkeit 15, 26
– grobe 15, 26
– leichte 15, 26, 31

G
Gastwirtehaftung 53
Gemeinschaftssport 44
Gerichtsverfahren
– Straf- 58
– Zivil- 58

H
Haftpflichtversicherung 58
Haftung 15, 21, 27, 36, 59
– Folgen der 57
– sausschluss 63, 68
– sminimierung 62, 68, 73, 76, 78
Heilungskosten 59, 61

K
Kausalität 24
Kind
– Haftungspotenzial 88
– Reiten im Straßenverkehr 94
Kutsche 79

M
Mieter eines Pferdes 35
Mitreiter 35, 70

O
ÖTO 42

P
Pferdebesitzer 33, 70
Privatgrund 91

R
Rechtswidrigkeit 25
– szusammenhang 25
Reitlehrer 27, 31, 68
– Gefälligkeits- 29
– Gelegenheits- 29
Reitschulbetrieb 30, 68
Reitstallbetreiber 33, 53, 68, 74, 78, 79
Reitunterricht 65, 66, 67, 68, 70

S
Sachverständigengutachten 58
Schaden 21, 24, 83
– Personen- 15, 60
– Sach- 15, 60
– Tier- 49
Schmerzengeld 62
Schulpferd 67
Sorgfalt 63, 68
Sorgfaltsmaßstab 38
– allgemeiner 39, 40
– erhöhter 41
Straßenverkehr
– Fahren im 95
– Reiten im 93

T
Tierarzt 36
Tiergefahr
– typische 15, 47
Tierhalter 50
Tierhalterhaftung 15, 48, 82, 83
Tierverwahrer 75
Trainer 27
Transport 80

U

Überlassung eines Pferdes 82
Überreden 45

V

Verjährung 26
Verkäufer 36, 85
Verkehrssicherungspflicht 16, 33, 56
Vermieter eines Pferdes 33
Verschulden 26
Versicherung 63
Vorsatz 16, 26

W

Wald 91

Z

Züchter 36, 85
Zufall 46

Die Autorin

Dr. Nina **Ollinger**, LL.M, Rechtsanwältin und Inhaberin der Wienerwald-Wohlfühlkanzlei in Purkersdorf, ist auf sämtliche Fragen rund um das Thema Pferd spezialisiert, berät und vertritt in Haftungs- und Gewährleistungsprozessen und hält regelmäßig Fachvorträge zum Pferde-(ver-)kauf und zu Haftungsfragen des täglichen Alltags mit dem Pferd. Des Weiteren ist die Autorin im Franchise- und Vertriebsrecht tätig und berät und vertritt Unternehmen in sämtlichen Fragen des Zivil- und Handelsrechts.